배달의민족은 배달하지 않는다

## 배달의민족은 배달하지 않는다

**1판 7쇄 발행** 2024년 10월 1일 | **1판 1쇄 발행** 2020년 9월 12일

**지은이** 박정훈 | **펴낸이** 임중혁 | **펴낸곳** 빨간소금 | **등록** 2016년 11월 21일(제2016-000036호)

**주소** (01021) 서울시 강북구 삼각산로 47, 나동 402호 | **전화** 02-916-4038

**팩스** 0505-320-4038 | **전자우편** redsaltbooks@gmail.com

**ISBN** 979-11-965859-8-3(03300)

• 책값은 뒤표지에 있습니다.

배달의민족은 배달하지 않는다

라이더가 말하는
한국형 플랫폼 노동

박정훈 지음

빨간소금

# 21세기 러다이트를 꿈꾸다

2018년 '폭염수당 100원' 1인 시위부터, 2019년 5월 1일 배달 노동자들의 노동조합 라이더유니온 출범까지 기자, 학자, 활동가로부터 배달 산업에 대한 똑같은 질문을 많이 받았다. 낮과 밤을 가리지 않는 전화와 질문에 애인은 내 대답을 외워서 따라 하며 놀리곤 했다.

"배달의민족과 배민라이더스는 다른 서비스고요~. 배달 라이더는 늘찬 배달업으로 분류되어 퀵서비스 특고산재가 되고요~."

한동안 나의 별명은 '늘찬'이 됐다. 배달 산업 구조에 관해서 물어보는 사람들과 1시간짜리 통화가 반복되면서, 나의 목과 귀를 보호하기 위해 배달 산업에 대한 설명서를 만들어야겠다고 결심했다. 이 책을 쓴 첫 번째 이유다.

플랫폼이 주목받으면서 배달 산업에 관한 관심은 높아졌으나, 배달업에 대해 아는 사람은 적었다. 소위 오피니언리더라고 부르는 교수, 기자, 관계 부처의 관료, 활동가에게도 배달은 미지의 세계였다. 이 시기에 나온 기사 대부분이 오보인 까닭도 여기에 있었다. 우리의 삶과 오피니언리더들의 생각은 거리가 멀었다. 심지어는 배달 라이더를 사용하는 스타트업 기업의 입장에서 배달 라이더의 처우가 소개되고 대변됐다. 배달에는 10대와 20대가 주로 일하는 직업, 잠깐 하다가 마는 부업, 엄청난 수익, 양아치들의 일이라는 꼬리표가 늘 따라다녔다. 실제 현실과 동떨어진 편견들이다.

그 가운데 배민라이더스가 가장 흥미로운 주장을 펼쳤다. "하루 8시간, 주 5일, 연봉 3,600만 원을 제안했는데도 라이더들이 정규직을 거부했다"라는 내용이었다. 회사도 근로기준법으로 보호할 수 있는 라이더들을 고용하고 싶은데 정작 라이더들은 고리타분한 근로기준법의 족쇄에서 벗어나고 싶어 한다는 거다. 일부는 사실이고, 일부는 사실이 아니다. 내가 만난 소위 월급제 라이더들은 최저임금을 받는 3개월짜리 기간제 비정규직이었다. 퇴직금을 회피하기 위해 9개월까지 일하고 퇴사시킨 사례도 있었다. 심지어는 왕십리에서 신촌으로 배달 픽업을 보낸 일도 있었다. 월 300만 원의 수익을 올리기 위해서는 인센티브 조건을 채워야 하기 때문이다. 이렇게 '똥콜'이라 불리는 어려운 배달만 처리하다 보니 스트레스가 쌓였다. 정규직을 거부한 것이 아니라 노예가 되기를 거부했다는 게 정확한 설명 같다.

라이더들의 이야기가 기업의 입장에서 편집되고 힘과 권력 있는 사람들 사이에서 공유되고 있었다. 라이더들이 정규직을 거부했다면 그 까닭이 무엇인지, 구체적인 노동조건은 어땠는지 묻는 사람은 없었다. 내가 이 책을 빨리 써야겠다고 결심한 두 번째 이유다.

한편, '공유경제와 플랫폼 경제가 혁신'이라는 이야기들이 너무 빨리 광범위하게 퍼지고 있었다. 스타트업 기업들과 경제지들이 펼치는 이런 주장들은 '4차산업혁명위원회'라는 대통령 직속 기구가 탄생하는 데까지 이르렀다. 한국과 달리 외국에서는 플랫폼이라는 낱말을 잘 쓰지 않는다. 임시직을 뜻하는 긱이코노미(Gig economy)나 긱워크(Gig work)라는 단어를 주로 사용한다. 플랫폼보다 현실을 잘 설명하는 낱말들이다. 몇몇 국가와 도시에서는 스타트업의 시장 진입을 가로막는 규제 조치와, 플랫폼 노동자를 기존 근로기준법이나 새로운 법안으로 보호하는 조치를 취하고 있다. 미국 우버 노동자들은 노동조합을 만들었고, 유럽에서도 라이더스 유니온이 탄생해 운동을 벌이고 있다. 자신이 만든 애플리케이션이 우리의 삶과 미래를 바꿀 것이라는 주장은 일부 국가에서만 받아들여졌다. 그러나 한국에서는 플랫폼 속에서 일하는 노동자의 문제에 주목하는 이가 너무 적었다. 노동의 문제를 거스를 수 없는 기술 발전 속에서 필연적으로 나타나는 작은 부작용 정도로 다루는 느낌이었다. 이것이 싫었다. 우리 삶과 노동의 문제는 작은 부작용이 아니라 전부이기 때문이다.

자칭 혁신가들과 경제지들은 근로기준법과 노동을 이야기하는 사람을 '러다이트'로 규정하고 싶어 한다. 러다이트 운동은 흔히 말하듯이 기계 파괴 운동이 아니다. 기계보다 못한 취급을 받던 노동자들이 기계를 소유한 인간들에 대항해 벌인 투쟁이다. 이 책을 읽고 많은 사람이 나를 21세기 러다이트라고 부른다면 영광이겠다.

이 책을 전작《이것은 왜 직업이 아니란 말인가》의 후속편이라고 불러도 좋다. 나는《이것은 왜 직업이 아니란 말인가》에서 정규직을 제1 노동시장으로, 비정규직을 제2 노동시장으로 구분하고, 취업준비생, 주부, 노인, 해고자, 퇴근 후의 투잡족 등의 실업자들로 구성된 제3 노동시장이 성장하고 있다고 설명했다(이와 관련해서는 이철승 교수가 쓴《불평등의 세대》에서 보다 엄밀한 구분이 이루어지고 있으니 참고하면 좋겠다. 나의 어설픈 직관과는 달리 이철승 교수는 한국 노동시장을 대기업, 중소기업, 정규직, 비정규직, 노조의 유무 등으로 구분해 자세히 분석한다). 플랫폼이 등장하면서 제3 노동시장을 근본적으로 뒤흔들 것이라 예견했다. 알바몬과 알바천국에 머물던 실업자들은 이제 플랫폼 앱에 상시 로그인함으로써 실업에서 벗어난다. 달라진 것은 제3 노동시장의 노동자들이 비정규직이나 알바라는 이름표 대신 '사장'이라는 새로운 이름표를 달기 시작했다는 점이다. 이 이름이 민망했던지, 세상은 이들에게 '플랫폼 노동자'라는 근사한 이름을 붙여주었다.

배달 일 한 지 이제 4년. 맥도날드, 우버이츠, 쿠팡이츠, 동네 배달 대행, 배민라이더스를 두루 경험했다. 다양한 형태로 일하는 라이더는 물론이고 동네 배달 대행사 사장부터 유명 플랫폼 기업의 임원, 정부 부처 관료와 국회의원, 박사, 법조인, 음식점 사장 등 정말 많은 사람을 만났다. 각각의 입장이 다르고 싸움과 갈등의 대상이기도 했지만, 이 책을 쓰는 데 그들로부터 큰 도움을 받았다. 모두에게 감사의 인사를 전한다. 그중에서도 라이더유니온 조합원들에게 감사의 인사를 전하고 싶다.

이제 이 모든 사람이 옹기종기 모여 있는 플랫폼에 로그인해보자.

# 차례

# 1

플랫폼에
로그인하시겠습니까

2017년 1월 맥도날드에서 배달 일을 시작할 때만 해도 '플랫폼'은 한 번도 들어본 적 없는 생소한 단어였다. 2018년 여름 폭염수당 100원을 요구하는 1인 시위를 시작했을 때에도 야외 노동자의 열악한 근무 환경이 주목받았지, '플랫폼 노동'이 핵심은 아니었다. 더운 여름 바람이 신선한 가을바람으로 바뀔 때쯤, 플랫폼과 플랫폼 노동의 바람이 불기 시작했다. 라이더유니온을 만들기 위해서 수많은 사람을 만나고, 배달 산업 구조에 대해 듣고 배울 때였다. 플랫폼을 공부하지 않을 수 없었다. 플랫폼 노동자들은 '열악하다'라는 단순한 표현으로는 설명하기 힘든 상황에 놓여 있었다.

2017년 7월 카카오톡은 카카오뱅크를 출범했고, 2018년 마켓컬리 광고에 배우 전지현이 등장했으며, 2019년 타다는 플랫폼 산업과 4차 산업혁명의 중심이 됐다. 소비자들은 새로운 플랫폼 기업의 등장에 열광했으며, 이들 기업은 소비자 편익과 혁신의 아이콘이 됐다. 플랫폼과 플랫폼 노동에 대해 다른 생각을 드러내기 힘든 분위기였다. 진보 지식인들도 플랫폼이 혁신이라고 말했다. 늘 그렇듯 노동은 부차적인 문제로 치부됐다. 더 큰 혁신을 위한 작은 부작용을 어떻게 보호할 수 있는가가 플랫폼 노동의 주요 과제였다. 어차피 올 미래이기에 보완책 정도를 마련하는 게 최선이라는 의견이었다.

분기점이 된 건 쏘카 이재웅 대표의 말실수였다. 택시 기사들의 잇따른 분신에 "죽음을 정치적으로 이용하지 말라"라고 비판했다. 혁신가라고 자부하던 사람의 입에서 너무나 고루하고 구태의연한 표현이 나왔다. 과거 권위적인 지배자들의 입에서나 나올 법한 말에 많은 사람들이 스타트업 기업은 혁신이라는 등식에 의문을 품기 시작했다.

그런데도 여전히 많은 사람은 '플랫폼'이라는 단어가 주는 깔끔한 이미지, 서비스 혁신을 진보이자 좋은 변화라고 생각한다. 여기에 대고 플랫폼 노동자가 이만큼 열악한 환경에서 일하고 있으니 근로기준법을 지키라고 외쳐야 소용없다. 우리는 더욱 근본적인 질문을 던져야 한다.

'플랫폼이란 대체 무엇이고, 왜 등장했는가?'

노동의 입장이 아닌 자본의 입장에서 왜 플랫폼이 필요한지, 이게 정말로 지속 가능하고 바람직한 방향인지를 고민해야 더욱 풍부한 논의가 가능할 것이다.

# 플랫폼이란

플랫폼을 우리말로 옮기면 '정거장'이다. 정거장 경제, 정거장 혁명, 정거장 노동으로 부르면 뭔가 다른 느낌이다. 그럼 왜 사람들은 경제나 노동 앞에 플랫폼을 붙였을까? 지하철 정거장을 우선 떠올려보자. 사람들은 어딘가를 가기 위해 입장료를 내고 정거장에서 지하철이 오기를 기다린다. 만약 '직업'이라는 목적지에 도착하기 위해서 반드시 들러야 하는 정거장이 있다면 어떨까? 일자리를 구하는 사람은 입장료를 내고서라도 '일감'이라는 열차를 기다릴 테다. 일자리를 구하지 못한 실업자가 많으면 많을수록 정거장에는 더 많은 사람이 몰린다. 사람들이 마치 구름처럼 모여 있다고 해서 플랫폼 노동을 '클라우드(cloud) 노동'이라고 부르기도 한다. 그런데 사람들이 너무 많으면 이번에 도착한 열차에 모두가 타지 못 할 수도 있다. 열차에 탑승하지 못 한 사람들은 다음 열차를 기다려야 한다.

이것을 지하철이 아니라 애플리케이션(앱)으로 바꿔서 생각해보자. 사람들은 직업을 구하기 위해서 스마트폰에 앱을 깔고 로그인(입장)한 상태에서 일감을 기다린다. 만약 좋은 일감이 떠서 먼저 가져간다면 다행이지만, 일을 가서가지 못 한다면 로그인한 채 대기해야 한다. 지하철역이나 기차역에서 표를 끊는 것처럼 플랫폼에서는 수수료라는 이름의 입장료를 낸다. 이전에는 돈을 받고 일했다면, 플랫폼 시대에는 돈을 주고 일해야 한다. 물론 이전에도 일자리를 구하지 못해 전전하는 사람들에게 교육생, 알바, 수습, 인턴이라는 이름으로 입장료를 징수했으므로, 보이지 않던 입장료가 공식화됐다고 할 수도 있다. 플랫폼 노동의 과정을 요약하면 '로그인-대기-일감 탑승-수행-대기 또는 로그아웃'이다.

사람들이 모이는 역 주변은 늘 붐빈다. 역 앞에 가판을 차리고 장사하는 노점상부터 높은 임대료를 내고 역사에 정식으로 입점한 점주, 역을 청소하는 노동자와 관리 업무를 하는 직원까지 다양하다. 역 하나가 생기면 주변 경제와 주민들의 삶, 그 도시의 문화까지도 영향을 받는다. 플랫폼도 마찬가지다. 이렇게 애플리케이션을 중심으로 일감을 중개하는 산업이 만들어낸 경제적·사회적·문화적 변화를 적절하게 표현하기 위해서 '플랫폼'이라는 단어를 고안해냈다.

그렇다면 플랫폼이 만들어낸 변화는 완전히 새로운 것일까? 앞에서 우리는 플랫폼을 정거장이라고 불렀다. 그런데 자세히 살펴보니 정거장 말고 '중개'라고 바꿔도 될 것 같다. 중개 자본주의, 중개 혁명이라고 부르면 또 느낌이 다르다. 자본이 플랫폼을 원하는 핵심이 바로 '중개'다.

중개 사업은 과거에도 있었다. 전태일이 일하던 1960년대에는 전봇대에 '시다 구함'이라는 전단이 붙어 있었다. 이 전봇대도 플랫폼이라면 플랫폼이다. 전봇대보다 진화한 형태는 〈벼룩시장〉이다. 길거리에 있는 추억의 종이 신문만 떠올린다면 오산이다. 인터넷으로 '벼룩시장'을 검색하면 아직도 꽤 많은 구인·구직 광고가 뜬다. 물론 최강의 구인·구직 플랫폼은 알바몬과 알바천국이다. 요즘 알바몬과 알바천국이 아니면 알바 자리를 구하기 힘들다. 알바몬과 알바천국은 반드시 입장하지 않으면 안 되는 독점적인 정거장으로 변했다.

그러나 이보다 중요한 변화가 있다. 정보 기술의 발달로 우리는 언제 사람이 필요하고 언제 사람이 필요 없는지를 실시간으로 알 수 있다. 사람이 언제 필요한지를 알려면 사람이 필요한 일이 얼마나 있는지, 나아가 그 일로 만들어진 상품을 소비할 사람이 얼마나 있는지를 정확히 예측할 수 있어야 한다. 마치 지하철을 관리하는 사람이 시간과 요일별로 승객 숫자를 예측하고 배차하는 것과 같다. 그렇다면 상품 생산과 노동, 소비를 예측할 수 있는 시대란 무엇이며, 이것은 우리 삶에 어떤 영향을 끼칠까?

## 극단적 비정규직

'직장'이 아니라 '일감'이라는 열차가 오면 타고 간다고 표현했다. 그때그때 필요한 일을 처리하는 것이 플랫폼 노동의 핵심이기 때문이다. 이렇게 이야기하면, 노동자가 너무 불안정하다는 생각이 든다.

'자본이 부도덕하거나 부당하다'는 비난을 하려는 게 아니다. 우리가 생각할 문제는 '도대체 왜 자본이 이런 시스템을 원하는가'이다.

자본주의 탄생 이후 자본가가 가장 싫어하는 노동자는 놀고먹는 노동자다. 이는 소비자라면 크게 공감할 만한 감정이다. 내가 산 상품을 실제로 써봤더니 흠이 있다. 얼마나 화나겠는가? 그래서 사장이 가장 혐오하는 노동자의 모델이 '의자에 앉아서 핸드폰이나 하는 편의점 알바'다. 의자도 빼버리고 핸드폰도 뺏고 싶다. CCTV로 실시간 감시하고 싶은 욕망도 생긴다. 자본주의 초기에는 노동자를 때리면서, 전태일 시대에는 잠 안 오는 약을 먹이면서 일을 시켰다. 하지만 이건 너무 비효율적이다. 때리고 감시하는 것도 막상 하려면 고되다. 자본가들은 자신들이 계속해서 감시하지 않아도 노동자들이 알아서 일하기를 바란다. 그래서 탄생한 것이 '테일러-포드주의'다.

테일러주의란 공장에서 노동자의 불필요한 동작과 동선을 없애고 효율적으로 움직일 수 있도록 규칙과 매뉴얼을 만든 것이다. 《이것은 왜 직업이 아니란 말인가》에서 소개한 맥도날드가 만든 "감자튀김 소금 뿌리는 높이 20cm" 등의 세세한 매뉴얼이 테일러주의의 산물이다. 그러나 이보다 강력하게 노동자의 동작을 통제하는 방법이 있다. 노동자의 움직임을 컨베이어벨트 돌아가는 속도에 맞추는 것이다. 쉬지 않는 기계를 따라서 인간도 쉬지 않고 일한다. 이게 포드주의다. 이 둘을 합쳐서 테일러-포드주의라고 하는데, 대량 생산 체계에서 노동력 상품을 놀리지 않고 효율적으로 사용하기 위해 도입된 생산 형태다.

그러다 변화가 생겼다. 이 변화를 학자들은 소품종 대량 생산에서 다품종 소량 생산으로의 전환으로 설명한다. 노동자가 컨베이어벨트 앞에서 항시 대기할 필요 없이 상품 수요가 늘어날 땐 집중적으로 일하고, 상품 수요가 줄어들 땐 조금 일하는 체계다. 한국과 같은 수출 주도형 산업 구조에서는 수출 환경이 좋을 땐 원청 기업이 하청 공장에 물량 폭탄을 던져서 야근에 특근에 휴일 근무까지 하게 만들고, 수출 환경이 어려울 땐 하청 공장에 물량을 줄여서 칼퇴근할 수 있는 환경을 만든다. 이것을 '수량적 유연화'라고 부른다. 그 결과 탄생한 게 비정규직이다. 1년, 2년 단위로 쓰다가 필요 없을 때 계약을 해지한다.

그런데 이제 1~2년 단위로 쓰고 버리는 것도 아깝다는 생각이 든다. 게다가 비정규직은 노동조합을 만들어서 저항도 하고 파업도 벌인다. 그러자 비정규직 노동의 극단적 형태가 탄생한다. 맥도날드가 좋은 예다. 햄버거병 사태가 터져 장사가 안될 것 같으면 맥도날드는 직원들의 근무 시간을 줄인다. 다음 주에는 텔레비전 광고가 나가고 할인 쿠폰을 뿌리므로 손님이 몰릴 것 같다. 그러면 근무 시간을 늘린다. 노동시간을 늘렸다 줄였다 한다고 해서 '고무줄 스케줄'이라고 부르고, 근무 시간이 정해지지 않았다는 의미로 '제로아워'라고도 부른다. 상품의 수요에 따라 주 단위로 근무 시간을 조정하는 것이다.

쓸데없이 해고해서 노사 분규를 만들 필요도, 악덕 기업으로 욕먹을 필요도 없다.

테일러-포드주의든, 비정규직이든, 맥도날드의 제로아우어든 그냥 도입된 게 아니다. 경영 효율화의 측면, 곧 '혁신'의 이름으로 등장했다. 수.량.적.유.연.화. 얼마나 멋진 표현인가! 하지만 일하는 사람들은 다 안다. 수량적 유연화가 비정규직과 별 상관없고, 노동자들 내부의 차별과 갈등을 조장하며, 재계약 여부 등으로 노동자를 통제하기 위한 수단으로 활용된다는 사실을.

이제는 주 단위로 스케줄을 조정하는 것도 부족하다는 생각이 든다. 하루에 장사가 잘되는 시간에만 쓰고, 장사가 안되는 시간에는 쓰지 않을 수 없을까? 이 질문에 대한 해답이 바로 '플랫폼'이다. 노동력을 눈에 안 보이는 곳에 대기시켜 놓았다가 내가 필요할 때만 태워서 보내고, 다 쓰고 나면 돌려보내는 역할을 하는 곳, '정거장'이 탄생한 이유다.

이렇게 보면 플랫폼은 결코 노동자를 고용할 수 없다. 노동자를 사용했을 때 발생하는 최저임금, 주휴, 연차 등의 비용 문제 때문만이 아니다. 회사는 노동자를 고용할 때마다 근로계약서를 써야 한다. 그런데 근로계약서를 쓰면 해고가 문제다. 해고를 하려면 30일 전에 해고 예고를 해야 하며, 정당한 절차를 거쳐서 서면으로 그 까닭을 설명해야 한다. 초 단위로 쓰고 버려야 하는데 이런 절차를 거칠 시간이 어디 있겠는가. 게다가 정거장에서 대기하는 노동자를 고용하면 이 대기 시간을 비용으로 지불해야 한다. 앱에서 수만 명을 로그인하게 하는 게 핵심인 사업에서 로그인했다고 돈을 주면 망할 수밖에 없다.

또 그때그때 노동력 수요에 따라 정거장에 대기하는 사람들의 가치가 변한다. 비 오는 날 배달 산업은 많은 노동력이 필요하다. 상여금을 줘서라도 좀 더 많은 이들이 앱에 접속해 일하게 해야 한다. 반대로 봄가을처럼 나들이하기 좋은 계절에는 주문은 적고 일하려는 라이더들은 많다. 쓸데없이 상여금을 많이 줄 필요가 없다. 따라서 플랫폼은 순간순간마다 노동력을 사용하는 데 필요한 수수료 액수를 줄이거나 늘릴 수 있어야 한다. 이렇게 극단적인 임금 유연화가 필요하므로 근로자로 쓸 수가 없다.

게다가 디지털 세계에는 퇴근이 없다. 서버는 잠을 자지 않는다. 따라서 디지털로부터 일감과 업무 지시를 받는 노동력도 노동법에서 정한 노동시간의 제한을 받으면 안 된다. 놀고먹는 노동자가 없는 '꿈의 인력'을 확보하기 위해 탄생한 플랫폼에서 노동자는 반드시 사용자여야 하며, 발전된 기술을 통해서든 자기 착취를 통해서든 끊임없이 감시당해야 한다. 그래서 플랫폼자본주의를 감시자본주의라고 부른다. 플랫폼은 노동법을 절대로 펼칠 수 없도록 노동법 '위'에 세워졌다. 따라서 노동법을 펼치는 낡고 구대의연한 모든 시도는 플랫폼의 근간을 흔드는 일이다.

# 공유경제?

언제든지 노동력을 빼서 쓸 수 있다는 것은 노동력이 차고 넘친다는 뜻이다. 이것은 물리적으로 불가능하다. 울산의 대공장에 몇만 명이 들어갈 수는 있지만, 10만 명, 100만 명이 들어갈 수는 없다. 작업복과 안전화, 작업 도구 지급 문제를 생각하면, 자동차나 조선과 같은 대규모 산업이 아니고서는 1만 명도 고용하기 어렵다.

그런데 플랫폼은 이 한계를 극복한다. 플랫폼에는 노동자가 출근해야 할 공장이나 사무실이 필요 없다. 플랫폼 노동자는 사용자이므로 작업에 필요한 모든 도구를 스스로 마련해야 한다. 플랫폼 기업은 경제학 교과서에 나오는 기업이 아니다. 토지와 생산수단을 소유하고 이를 노동자에게 제공해 상품과 서비스를 생산할 필요가 없다. 상품과 서비스를 조직적으로 생산하기 위해 생산수단과 노동력에 대한 배타적 소유권을 가졌던 전통적 기업이 플랫폼 앞에서는 비용 덩어리에 비효율적인 천덕꾸러기가 됐다. 생산수단을 소유하지 않는 플랫폼이므로 언뜻 마르크스의 생산수단에 대한 사적 소유 철폐가 떠오른다. 공산주의를 마르크스주의자가 아니라, 플랫폼 자본가가 이루어냈다. 공산주의라고 표현할 수는 없기 때문에 '공유경제'라는 말을 붙인다.

집 주차장에 쓰지 않고 세워둔 자동차를 끌고 나와서 자동차가 필요한 사람과 공유하면 어떨까? 1년 동안의 해외 연수 기간에 내가 살던 집을 필요한 사람과 공유하면 어떨까? 차나 집과 같은 자산 말고도 자신만의 스토리와 넘쳐흐르는 재능이 있다면 공익을 위해 공유해보자. 우버, 에어비앤비, 크몽과 같은 플랫폼 기업들의 탄생 이유를 설명하는 이야기들이다. 즉, 플랫폼은 우리 사회에서 쓰임을 찾지 못해 낭비되는 모든 자산과 자원을 공공의 이익을 위해 활용하자고 제안한다. 그래서 종종 플랫폼 창업가는 지구를 지키는 멋진 사람이 되기도 한다. 이런 자원을 활용하면 낭비를 막고 환경을 보호할 수 있다는 주장이다.

그렇다면 현실은 어떨까? 전 세계적으로 넘쳐나는 우버 차들로 인해 교통 체증과 환경오염이 심화하고 있다. 믿지 못하겠다면 한국의 길거리를 보라. 플랫폼 기업에 로그인한 라이더, 사이드미러가 보이지 않을 정도로 짐을 가득 실은 쿠팡플렉스 택배 노동자, 타다 차량 등이 거리를 혼잡하게 만들고 있다. 또한 요즘 오피스텔이나 아파트에 배달하러 가서 보면 에어비앤비를 금지하는 경고 문구들이 곳곳에 적혀 있다. 에어비앤비 주변의 주민들이 소음과 쓰레기 문제로 피해를 보기 때문이다. 미국의 부자 동네는 에어비앤비 자체를 금지하기도 한다. 플랫폼은 생산수단에 대한 사적 소유를 철폐함으로써 이 산업이 발생시키는 사회적 문제와 비용에 대한 책임에서도 벗어난다.

그렇다면 플랫폼 기업이 던져버린 책임을 누가 떠맡을까? 오롯이 개인이다. 라이더로 일하려면 오토바이를 사야 한다. 없다면? 임대료를 내고 빌리면 된다. 에어비앤비에 홍보하기 위해서 집주인은 1천만~2천만 원의 인테리어 비용을 들여 집을 꾸민다. 배달, 청소와 숙박 과정에서 벌어지는 사건·사고에 대한 책임도 개인에게 돌아간다. 생산수단을 일하는 사람이 가졌으니 책임도 일하는 사람이 지는 것이다.

시간과 공간의 제약을 받지 않는 디지털 세계의 플랫폼은 이론상 무한대로 노동력을 소유할 수 있다. 생산수단을 버리는 대신 데이터를 소유함으로써 얻은 성과다. 상상해보라. 중국의 플랫폼 기업이라면 독점적 지위를 획득하는 순간 억 단위의 플랫폼 노동력에 대한 데이터를 소유할 수 있다. 근로자로 고용할 경우 상상하기 힘든 숫자다. 이는 오래된 자본의 꿈인 무한 축적을 가능케 한다. 심지어 노동력 관리와 책임의 위험에서도 해방한다. 진정한 공유경제라면 책임과 이윤도 공유하겠지만, 그런 자선 사업을 누가 하겠는가.


## 재고율 제로


노동력만 무한으로 축적한다고 해서 플랫폼 기업의 꿈이 간단하게 이루어지는 것은 아니다. 이 노동력이 정거장을 탈출하지 않게 하려면 끊임없이 일감을 공급해야 한다. 지하철에 다음 열차가 언제 올지 모르거나 기다리다 지쳐 배가 고프면, 사람들은 버스나 택시 정거장으로 발걸음을 옮기기 마련이다.

일감을 무한정 공급하기 위해서는 노동력의 수요자들을 플랫폼으로 끌어모아야 한다. 이때 사용하는 것이 할인 쿠폰과 무료 이용권이다. 살면서 많은 유혹에 빠지지만, 공짜만큼 매력적인 게 있을까? 공짜로 핸드폰을 바꿔준다는 전화와 콘도 무료 이용권을 권하는 전화를 종종 받는다. '3개월 등록하면 1개월은 공짜!'라는 헬스장 전단에 자연스럽게 눈이 돌아간다. 그런데 공짜 좋아하다가 큰코다친다. 핸드폰 무료는 비싼 요금제로 돌아오고, 헬스장은 3개월은커녕 한 달도 안 되어 발길을 끊기 일쑤다. 그 후로는 '공짜' 하면 의심부터 들기 시작한다.

이 의심을 한 번에 무너뜨리는 진정한 무료 서비스가 등장했다. '윈도' 같은 컴퓨터 소프트웨어는 꽤 비용을 들여 사야 하지만, '다음'과 '네이버' 같은 인터넷 검색 서비스는 완전 무료다. 카카오톡은 거의 전 국민이 사용하는데 단 한 푼의 사용료도 내지 않는다. 도무지 이해하기 힘들다. 아니 이걸 이렇게 무료로 풀면 기업은 뭘 먹고 살까?

실제 미국의 청문회에서 페이스북 설립자 마크 저커버그는 고령의 상원의원에게 이 질문을 받았다. 그는 간단히 대답했다.

"광고로 돈을 법니다."

페이스북은 전 세계 17억 명의 개인정보를 갖고 있다. 그 개인들이 자발적으로 페이스북에 좋아하는 음식, 읽은 책, 사고 싶은 옷, 친구들과 놀러 간 곳을 올린다. 이것만큼 좋은 광고 시장의 먹잇감이 없다.

나는 축구를 좋아한다. 쇼핑몰에서 축구화를 검색하고 나서 페이스북에 접속하면 축구화 광고가 뜬다. 이러다 보니 가끔은 내가 머릿속에서 축구공 생각을 했는데도 페이스북에 광고가 뜨는 신비한 경험을 한다. 페이스북이 내 마음마저 꿰뚫어 보는 것일까? 물론 망상이다. 실제로는 타깃 광고의 낚시에 걸릴 수 있는 떡밥을 스스로 디지털의 바다에 뿌린 결과다.

길거리에 전단을 뿌려본 사람은 알 테다. 이게 얼마나 막연한 짓인지. 관심도 없는 사람에게 일방적으로 전단을 쥐여 주는 행위는 쓰레기를 쥐여 주는 것과 비슷하다. 사람들의 머리 위에 자신이 관심 있는 분야의 키워드가 뜨는 기술이 있다고 치자. 그 기술을 이용해 우리가 노동, 플랫폼이라는 키워드가 뜨는 사람을 볼 수 있다면, 그 사람에게만 이 책의 광고 전단을 전달하는 게 효과적이다. 페이스북은 이 말도 안 되는 일을 핸드폰 속에서 실현했다.

어린 시절에 공상과학영화에서 사람 몸에 칩을 집어넣는 장면을 본 적이 있다. 나는 빅브라더에 대한 공포보다는 아플까 봐 두려웠다. 그런데 웬걸. 사람들은 강제로 칩을 심지 않았다. 자발적으로 핸드폰을 손에 들고 화면을 눈과 연결해 자신의 내면을 표현했다. 최면이나 자백을 강제하는 약물 따위도 필요 없다. 이것이 새로운 자본주의의 원료가 됐다. 이른바 플랫폼자본주의, 디지털자본주의의 탄생이다.

자본주의는 자신의 얼굴에 피눈물을 흘리며 태어났다고 마르크스가 말했다. 하지만 플랫폼자본주의는 핸드폰 화면으로 사람들의 눈을 메마르게 만들면서 태어났다. 20세기 세계가 석유를 차지하기 위해 전쟁을 치렀다면, 21세기 세계는 데이터를 차지하기 위해 전쟁을 벌인다. 데이터는 플랫폼자본주의 시대의 원유이고, 페이스북, 아마존, 구글 같은 플랫폼 기업들은 원유를 필요에 따라 경유와 휘발유 등으로 정제하는 플랫폼자본주의 시대의 정유 회사다. 석유는 한계가 있지만, 데이터는 한계가 없다.[1] 그래서 그냥 데이터라고 하지 않고 빅데이터라고 부른다. 이 빅데이터는 무엇을 가능하게 할까?

과거에 신선식품은 배달이 불가능했다. 신선식품은 쉽게 상하기 때문에 재고를 정확하게 예측하지 못하면 폐기해야 한다. 그런데 마켓컬리는 통영의 굴을 다음날 새벽에 수도권 고객의 집으로 배달한다. 굴이 얼마나 팔릴지 예측할 수 있기 때문이다. 미래를 보는 것도 아닌데 어떻게 이것이 가능할까? 바로 고객의 데이터 분석을 통해서다. 마켓컬리는 데이터를 물어준다는 뜻에서 '멍멍이'라고 부르는 인공지능 시스템으로 실시간 주문 건수, 재고, 매출 등을 30분 단위로 전 직원에게 공지한다. 이 데이터 분석을 토대로 내일 당신이 굴을 살지 말지를 예측해서 미리 통영에 주문을 넣는 것이다. 만약 너무 적게 주문하면 품절로 고객의 불만이 높아질 테고, 너무 많이 주문하면 신선도가 떨어진 굴을 폐기해야 할 테다. 놀라운 점은 빅데이터 분석을 통해 예측 주문을 하는 마켓컬리의 폐기율이 1퍼센트 미만이라는 것이다. 물론 이런 모습마저도 몇 달 뒤에는 낡은 현실이 될 것이다. 데이터와 기술은 계속해서 발전한다.

이 미래에 대한 예측은 자본가들의 또 다른 욕망과 두려움을 해소한다. 바로 재고율 0퍼센트의 꿈이다. 이런 사회과학책을 출판할 때 가장 어려운 점은 '도대체 얼마를 찍어야 할까?'이다. 요즘 사회과학책 초판은 1,500~2,000부를 찍는데, 2쇄를 못 찍는 책도 많다. 재고는 창고에 쌓이고 출판사는 창고 이용료를 부담한다. 너무 책이 안 팔려 창고 이용료도 부담스럽다면 폐기해야 하는데, 책을 잘라 버리는 데도 비용이 든다. 그렇다고 너무 적게 찍었다가 책이 잘 팔리면 시기를 놓쳐 책을 못 팔 수도 있다. 만약 한국의 모든 국민이 책을 살 때 이용하는 독점적인 플랫폼이 있다고 해보자. 플랫폼에 쌓이는 데이터를 통해 연령별, 성별, 지역별, 월별, 주제별로 어떤 책이 잘 팔리는지 알 수 있다. 부산에 사는 30대 남성들이 가을에 자주 읽는 책이 '노동' 관련 책이라면, 이 책은 가을에 출판해야 하고 출판기념회는 부산에서 해야 할 것이다.

이건 기업의 고민만이 아니다. 내일 내 생일파티에 몇 명이나 참가할지는 인생의 커다란 문제다. 만약에 10인분을 준비했는데 한 명만

오거나 아무도 오지 않는다면 케이크와 음식이 초라하게 남을 것이다. 우리는 물론 이 정도는 충분히 예측할 수 있다. 긴 시간 동안 쌓아온 친분을 통한 분석이 가능하기 때문이다. 사람들이 지역에 모여 살고 믿을 만한 사회였던 시절에는 단골이 중요했고, 단골 확보를 위해 외상도 가능했다. 하지만 공동체가 형성되기 힘든 시절에는 정(情)보다 빅데이터가 더 믿을 만하다.

완벽한 수요 예측이 가능하다면, 그에 걸맞은 상품 생산과 그에 알맞은 노동력 공급이 가능하다. 나아가 플랫폼에 광고하고 그 결과를 정확히 예측할 수 있다면, 광고를 통한 수요 조절도 가능하다. 완벽한 예상 아래 돈을 지출할 수 있고 불필요한 비용을 제로로 만들 수 있다. 자본주의에서 재고에 대한 공포를 공황이라고 부른다. 재고는 넘쳐나는데 수요가 없으면, 상품 가치가 떨어져 세계 경제가 망해버린다. 플랫폼이 있다면 자본가들은 이 공황으로부터의 공포에서 완전히 벗어날 수 있지 않을까?


## 플랫폼자본주의의 특징[2]


자본의 입장에서 플랫폼자본주의가 왜 필요한지를 설명했다. 이를 통해 플랫폼자본주의의 몇 가지 특징을 알 수 있다.

첫째, 태생부터 독점을 전제로 한다. 그런데 이 독점이 사회 전체적으로 효율적이라는 아이러니가 발생한다. 전통적인 시장 경제 질서에서 독점은 시장의 공정한 경쟁을 방해하는 악이었다. 가격 담합을 통한 소비자 피해 등 사회 전체적으로 해악을 끼쳤다. 그래서 반독점법 같은 법이 자본주의 수호자들의 입에서 튀어나왔다. 반면 플랫폼 자본주의 시대에는 많은 데이터를 축적한 독점적인 플랫폼이 있어야 사람들의 만족도가 높아지며, 완벽한 수요 예측과 재고율 제로라는 이득이 발생한다. 이제는 자율주행차나 의료 기술 발전 같은 '혁신'을 만들려면 기업이 데이터를 마음껏 쓸 수 있도록 보장해야 한다는 주장까지 나온다.

카카오톡이 메신저 시장을 독점하지 않고 10개 정도의 다양한 메신저가 있다고 상상해보자. 사람들은 귀찮게 10개의 메신저 앱을 깔아야 할 것이다. 스마트폰 용량도 감당하기 힘들 테다. 많은 사람이 하나의 메신저를 쓸수록 더 원활하게 소통할 수 있다. 조별 과제를 할 때 한 사람만 카톡이 없다고 해보자. 그 사람이 버틸 수 있을까? 그냥 그 사람이 카톡을 깔고 단체 방에 접속하는 게 모두를 위해 편리하다. 이렇게 어떤 상품을 사용하는 사람이 많을수록 다른 사람도 똑같은 상품을 쓰는 것이 효과적일 때가 있다. 이것을 '네트워크 효과'라고 부른다.

물론 스마트폰이 제공하는 네트워크를 거부하는 사람도 있다. 플랫폼 기업에는 가장 무가치한 소비자이자 플랫폼의 적과 같은 존재다. 노동자가 필요했던 자본주의 초창기에는 일하지 않는 거지의 귀를 잘랐다는 기록이 있다. 플랫폼 기업에는 네트워크에서 살지 않는 존재가 디지털 세계의 거지 같은 존재다. 플랫폼은 이들의 귀를 자르지 않고 무료 스마트폰과 쿠폰을 뿌린다는 것이 차이라면 차이다.

일단 네트워크 효과가 발휘되면, 그때부터 보이지 않는 장벽 효과가 만들어진다. 한국에서 카카오톡을 뛰어넘는 메신저 사업을 할 기업이 있을까? 있더라도 아무도 투자하지 않을 것이다. 카톡의 독점적 지위가 흔들린 적이 있다. 카톡이 수사 기관에 사용자의 정보를 제공한다는 사실이 알려지자 그 대안으로 텔레그램이 떠올랐다. 플랫폼에서 이용자들의 신뢰가 얼마나 중요한지를 보여주는 사건이다. 그런데 카톡을 뛰어넘는 메신저를 찾기는 힘들다. 네트워크 효과가 힘을 발휘하는 플랫폼에는 카톡 이외에도 페이스북, 유튜브 등이 있다.

플랫폼 기업은 이 네트워크 효과를 바탕으로 카카오뱅크 같은 새로운 산업을 만들어낸다. 플랫폼의 원래 뜻인 정거장은 기차를 기다리는 사람과 열차를 연결하는 역할만 한다. 하지만 플랫폼 자본은 중개만 하지 않는다. 정거장을 청소하는 사람, 관리하는 역무원, 정거장 주변에 좌판을 깐 장사꾼, 우동과 김밥을 파는 깔끔한 프랜차이즈, 렌터카 회사와 관광 안내소, 택시를 떠올려보라. 카카오 가입자 숫자를 바탕으로 카카오뱅크를 만들고 카카오택시와 카카오카풀까지 뛰어든 것처럼, 플랫폼 자본은 데이터 독점을 바탕으로 다양한 사업을 만들어낼 수 있다.

'독점을 바탕으로 모든 것을 연결하라. 그리고 다시 독점하라!'

자본 축적이 아니라 데이터 축적이야말로 플랫폼자본주의의 원리다. 그래서 적자 운영 중인 많은 스타트업 기업들이 데이터 독점에서 우위를 차지하면 수백억 원에서 수천억 원의 투자를 받는다. 우버의 성공은 수많은 젊은 창업가에게 이런 꿈을 심어줬다. 독점적 지위를 이용한 투자, 기업 공개를 통한 기업 가치 상승과 기업 판매. 이것이 모든 스타트업 기업의 꿈이다.

한편 플랫폼 가입자가 엄청나게 많아지면, 이 가입자를 바라보고 상품을 판매하려는 상품 공급자가 몰린다. 우버의 기사가 넘쳐난다면, 우버 이용자들이 이른 시간 안에 우버를 이용할 수 있으므로 고객들이 몰린다. 반대로 우버를 이용하는 손님들이 많다면, 기사들이 돈을 많이 벌 수 있기 때문에 우버로 몰린다. 소비자 시장의 변화가 공급자 시장에, 공급자 시장의 변화가 소비자 시장에 영향을 미치는 것이다. 이렇게 소비자 시장의 네트워크 효과가 공급자 시장에 영향을 미치는 것(그 반대도 마찬가지다)을 '교차 네트워크 효과' 또는 '간접 네트워크 효과'라고 부른다. 플랫폼에서는 소비자 시장이든 공급자 시장이든 독점적 지위를 확보하기 위해 노력할 수밖에 없으며, 두 시장을 관리하는 게 핵심이다. 그래서 플랫폼자본주의를 설명하는 이론을 '양면 시장 이론', 또는 '다면 시장 이론'이라고 부르기도 한다.

플랫폼은 소비자 확보를 위해서 할인 쿠폰, 무료 이용 서비스를 제공한다. 이를 한쪽 시장에만 제공한다고 해서 '교차보조금'이라고 부른다. 소비자에게 보조금을 지급해 사람들을 끌어모은 뒤 이들을 타깃으로 장사를 하고 싶은 공급자에게 수수료를 받는 것이다. 그럼 이보조금은 어디서 조달할까? 국제적인 금융자본이다. 금융자본에 플랫폼은 매력적인 투자처다. 그동안 금융자본은 산업자본에 투자하고 구조조정을 단행한 뒤 이윤을 뽑아 달아나는 수순을 밟아왔다. 그런데 구조조정을 하면 노동조합의 저항이 일고 여론의 손가락질을 받기도 한다. 공장 부지와 생산수단을 파는 것도 만만찮다. 대규모 산업자본이라면 투자에 따른 위험도 높다. 그런데 플랫폼 자본은 노동력과 생산수단을 갖고 있지 않기 때문에 노동조합의 저항도, 여론의 손가락질도, 생산수단을 파는 어려움도 겪지 않는다. 기술과 데이터, 애플리케이션만 있으면 언제든지 전 세계로 뻗어나갈 수 있으며, 이를 탐내는 거대 기업에 팔아치울 수 있다. 유동적인 금융자본에 이보다 매력적인 투자처가 어디 있겠는가. 그래서 플랫폼 산업은 금융 산업이다.

플랫폼 자본의 또 다른 특징은 플랫폼자본주의의 원료인 데이터를 전 세계 인류가 공동으로 생산한다는 점이다. 구글에서는 회원 가입에 리캡차(reCAPTCHA)라는 프로그램을 사용한다. 눈에 잘 안 보이는 특수 문자를 입력하는 프로그램이다. 겉으로는 로봇이 자동 가입해서 쓰레기 계정 만드는 것을 막기 위해 리캡챠를 쓴다고 말한다. 하지만 실상은 구글의 디지털 도서관 프로젝트의 일환이다. 구글은 전 세계에 있는 책들을 디지털화하는 작업을 하는 중인데, 고문서는 잉크가 번지거나 낙서가 되어 있는 경우가 많아 기계가 읽어내기 힘들다. 그래서 구글에 가입하기 위해 접속한 인간의 힘을 빌린다. 기계가 알아보기 힘든 문자를 인간에게 보여주고 판단하라고 하는 것이다. 다수의 인간이 A라고 판단하면 A로 해석한다.

2019년 우버이츠 라이더로 일할 때 가끔 플랫폼으로부터 신원 확인을 요청받았다. 그때 내가 로봇이 아님을 증명하기 위해 사진 속에서 신호등을 찾아내 터치해야 했다. 전 세계 인류가 신호등이 무엇인지를 인공지능에 알려주는 훈련을 계속하고 있었다. 알파고가 학습한 수백 개의 기보는 바둑 기사들의 노동이 축적된 결과다. 페이스북에 올리는 양질의 콘텐츠도 마찬가지다. 페이스북은 이용자들이 만들어내는 지적 창작물에 한 푼의 대가도 지불하지 않는다. 물론 무료로 페이스북을 이용할 수 있도록 한다. 하지만 이것은 나와 여러분으로부터 플랫폼자본주의의 원료인 데이터를 빼내기 위한 투자다.

모두가 하는 노동은 시장에서 가치가 낮다. 과거 집안에서 여성의 의무라고 여겼던 청소, 설거지, 빨래, 감정 노동 등이 시장으로 나오자 최저임금 취급을 받는 것처럼, 디지털 노동도 같은 취급을 받는다.

인공지능 훈련은 많은 이들의 무료 노동으로 만들어진 데이터를 바탕으로 한다. 그러나 모든 데이터가 가치 있는 것은 아니다. 인공지능을 훈련시키기 위한 데이터는 인간이 직접 제공해야 한다. 새라 케슬러의 《직장이 없는 시대가 온다》에 따르면, 아마존의 자회사인 미케니컬 터크(인력 중개 플랫폼)에 등록된 일용직 노동자는 인공지능 컴퓨터가 사진 속의 사물을 구분할 수 있도록 이름을 붙이는 작업을 하는데, 사진 10장당 50원 정도의 대가를 받는다.[5] 핸드폰으로 찍은 명함 사진을 데이터로 입력하는 리멤버 서비스 역시 초기에는 인간이 직접 했다. 과거 인형에 눈을 붙이는 부업은 디지털자본주의 시대에 인공지능을 훈련하는 부업으로 바뀌고 있다. 노동자들은 이 부업을 잘하기 위한 매크로를 개발하기도 한다.

## 플랫폼의 종류

이제 긴 이야기를 용어와 개념을 통해 정리해보자. 미리 이야기하지만, 용어는 현실에서 그리 중요하지 않다. 어려운 용어가 현상 보기를 방해하기도 한다. 그럼에도 불구하고 플랫폼이란 단어를 처음 접하는 독자들을 위해 간단히 정리한다.

플랫폼의 종류는 다양하다. 세계 1위를 차지하고 있는 IT 업체

GAFA로 한번 살펴보자. GAFA는 구글(Google), 애플(Apple), 페이스북(Facebook), 아마존(Amazon)을 합쳐서 부르는 낱말이다. 구글은 검색 엔진 서비스로, 한국의 네이버, 다음 등이 같은 성격의 서비스다. 구글은 그야말로 빅 오브 빅 데이터를 바탕으로 딥러닝과 인공지능 개발, 자율주행 등에 도전하고 있다. 애플은 모바일 플랫폼으로, 안드로이드와 어깨를 나란히 한다. 하지만 애플만의 폐쇄적인 세계를 구축한다는 점에서 개방을 지향하는 다른 플랫폼 기업과 차이를 보인다. 페이스북은 콘텐츠 플랫폼으로, 이와 비슷한 플랫폼에는 유튜브가 있다. 이용자들이 고유한 콘텐츠를 생산하며, 유사 언론의 역할까지 맡고 있다. 마지막으로 아마존은 책 배달로 시작한 빅데이터 확보와 유통 시장 장악을 통해 거대 제국을 만들고 있다. 한국에서는 쿠팡이 아마존을 꿈꾼다. 이외에도 우버, 넷플릭스 등 다양한 플랫폼이 등장하고 있다.

이 책의 관심사는 다양한 플랫폼 기업의 특징과 차이를 살펴보는데 있지 않다. 이 플랫폼에서 일하는 사람들, 특히 한국 플랫폼 노동의 특징을 들여다보는 데 있다. 이를 위해서 플랫폼 노동의 종류와 개념을 정리해보자.

플랫폼 노동은 크게 클라우드 방식과 온디맨드(On-demand) 방식으로 나뉜다. 온디맨드 방식을 '호출 노동'이라고도 부르는데, 그때그때 필요한 일감을 앱에 올리고 처리하는 방식이다. 배달이 대표적이다. 가사도우미도 호출 노동으로 볼 수 있다. 그때그때 필요한 일들을 처리하기 때문에 지역적 한계를 가질 수밖에 없다. 배달 구역은 2개 구를 벗어나지 않으며, 가사도우미의 출장 거리 역시 도시를 벗어나기 힘들다. 그래서 온디맨드 노동을 '지역 기반 플랫폼'이라고 부른다.

온디맨드 방식의 플랫폼은 인력 파견업체와 비슷한 역할을 한다. 사람을 모아서 필요한 이들에게 그때그때 보낸다. 그러다 보니 기존의 파견업체 노동자나 특수형태근로종사자가 플랫폼 노동자로 변하는 특징을 보인다. 특수형태근로종사자란 개인사업자와 노동자의 성격을 함께 지닌 노동자를 말한다. 퀵서비스, 골프장 캐디, 학습지 교사, 레미콘 기사 등인데, 위에서 살펴본 것처럼 플랫폼이 노동력을 그때그때 쓰려면 노동자가 아니어야 한다.

여기서 한 가지 딜레마가 발생한다. 그때그때 사람을 보내서 일을 처리하면 사람마다 일하는 방식이 달라질 수 있다. 학습지 교사를 가정집에 보냈는데 교사마다 가르치는 방식이 엄청나게 다르다면, 학습지 회사에 대한 신뢰도가 낮아질 수밖에 없다. 따라서 노동자는 회사의 매뉴얼과 가이드라인을 준수해야 한다. 즉 회사의 업무 지시를 받는 종속적 노동자의 성격을 띤다. 근로자로 쓰고 싶지는 않은데 소비자에게 제공하는 서비스 품질은 일정하게 유지하고 싶은 욕망에서 사장 반 노동자 반의 '특수'한 노동자가 탄생한다.

이는 우리가 지금까지 살펴본 플랫폼의 욕망과 닮았다. 특수형태근로종사자가 존재하는 한국에서는 이들에 대한 더욱 효율적인 노무 관리를 위한 수단으로 플랫폼이 활용되는 경향이 있다. 하지만 욕심에는 대가가 따르는 법이다. 플랫폼 회사는 서비스 품질을 위해 지휘·감독을 강화하면 특수형태근로종사자가 직원이 되고, 지휘·감독에 소홀하면 서비스 품질이 엉망이 되는 딜레마에 봉착한다. 이것을 '플랫폼 노동의 딜레마'라고 부른다.

이와 대조적으로 클라우드 방식은 웹상에 프로젝트를 하나 올린 뒤 이 프로젝트를 수행할 사람을 찾는다. 그래서 '웹 기반 노동'이라고도 부른다. 이렇게만 설명하면 온디맨드와 무슨 차이가 있는지 잘 구별이 안 된다. 대표적인 클라우드 노동 방식 플랫폼이 크몽이다. 크몽에는 "홈페이지 제작 1개월 1천만 원, 디자인 100만 원 7일" 식으로 일감이 올라온다. 번역, 교정, 녹취, 심지어는 개인 트레이닝이나 직업 교육 등도 있다. 웹 기반 노동은 지구 전체를 상대로 일을 의뢰할 수 있다. 미국 출판사가 교정교열을 필리핀에 사는 구름 한 점에 부탁할 수 있는 것이다. 미국 출판사는 필리핀의 시세로 돈을 줄 수 있으므로 교정교열비를 아낄 수 있다. 이는 영어권 국가의 패권과도 관련이 있다. 클라우드 노동은 구름 속 군중들이 많으면 많을수록 단가가 내려가거나, 몇 명의 능력 있는 프리랜서에게 일감이 몰리는 문제점이 있다.

정리하면 온디맨드 방식은 특수고용 형태 노동, 클라우드 노동은 프리랜서 노동에 가깝다. 당연히 온디맨드 노동과 클라우드 노동은 겹치는 경우가 많다.

　그러나 사실 이런 구분은 별로 중요하지 않다. 개념 정리보다 중요한 것은 실제 현실에서 벌어지는 플랫폼 노동에 대한 관찰이다. 그동안 한국에서 플랫폼 노동 담론은 이 현실과 유리되어 있었다. 스타트업의 이야기를 듣거나 스타트업 기업이 소개한 노동자의 증언이 플랫폼 노동의 현실로 여겨졌다. 추상적이고 관념적이며 현실과 동떨어진 토론회만 반복되는 이유다.

　이 책에서 주목하는 노동은 온디맨드 방식이다. 책을 읽다 보면 기존 특수형태근로종사자의 문제가 플랫폼 노동에서도 반복된다는 사실을 발견할 수 있다. 따라서 플랫폼 노동의 문제를 이해하려면 근로기준법을 잘 이해해야 한다. 안타깝게도 대부분의 스타트업 기업, 플랫폼 기업은 이런 이해가 부족해서 항상 문제를 일으킨다. 한국에서 타다는 불법 파견과 위장 도급의 문제를, 배달업게는 알고리즘의 지휘·감독과 위장 플랫폼의 문제를 안고 있다.

　해 아래 새것은 없다고 했다. 그러므로 한국에서 매우 오랜 역사를 가진 배달업을 통해 플랫폼 산업과 플랫폼 노동을 살펴보는 것은 유의미한 작업이다. 배달 플랫폼 산업을 통해 한국의 과거, 현재, 미래의 노동을 살펴볼 수 있다.

# 치킨집 사장, 라이더가 되다

더운 공기가 채 가시지 않은 남도의 가을은 따뜻했다. 햇살 사이로 오토바이가 촘촘히 늘어서 있는 작은 배달 대행 사무실 앞에 인상 좋은 동네 아저씨가 서 있다. 오후 3시까지 정신없이 점심 배달하고 이제 막 담배 한 모금을 빨던 참이었다. 배고플 시간이다. 익숙한 듯 사무실 바로 옆 식당에 "아지매, 김치찌개 두 개만 끓여 주이소. 돈 좀 더 없을 테니 계란프라이 두 개씩~." 넉살 좋은 주문이다. 돈이 더 없어졌는지는 기억나지 않는다.

동네 배달 대행 사무실 소파에 앉아서 밥 나오기를 기다렸다. 기다림의 시간은 아니었다. 밥 대신 라이더들이 계속 오갔다. 그리고 인상 좋은 아저씨에게 요즘 "퀵은 어떠냐?", "옆 동네 배달 대행사는 어떠냐?", "배달 가방은 얼마냐?"라고 끊임없이 물었다. 아저씨는 짜증이 날 법도 한데 인상 한 번 구기지 않고 친절히 답했다. 함께 일하는 라이더들은 단체 채팅방에서 열심히 대화를 이어가고 있었다. 분위기가 좋았다.

40대 후반의 남도(가명) 씨는 대형 배달 플랫폼 회사의 직영점을 운영하는 지사장이다. 직영 편의점의 점장 정도라고 생각하면 된다. 기본급 150만 원에 콜 한 개당 100원을 인센티브로 받아 간다. 주 6일 12시간씩 일해서 받아 가는 돈은 월 300만 원. 일반 배달 노동자보다 적게 가져가는 경우도 많다. 함께 일하는 게 좋아 이 일을 시작했다는 그의 인생을 들어봤다. 특별하지도 평범하지도 않은 우리 이웃의 이야기다.

## 거듭된 실패

"자신감이 넘쳤어요. '성공하겠지'라는 막연한 희망을 품고 정말 열심히 살았어요. 열정이 넘치던 때였죠."

남도 씨는 15년 전인 30대 초반에 장사를 시작했다. 수제비 가게였다. 처음에는 장사가 잘됐다. 신혼에다 장사도 잘되니 웃을 일이 많았다. 그러나 그의 열정은 임대료 앞에서 차갑게 식었다. 월세가 320만 원. 2000년대 초반 지방 중소도시의 임대료로는 어마어마한 액수였다. 바로 옆 동네에 신시가지가 들어서면서 사람들의 발길이 뚝 끊겼다. 매출이 내려간다고 임대료가 내려가지는 않았다.

"조물주 위에 건물주라고 하지 않습니까."

하늘 위의 신은 마음속에서 버리면 그만이지만, 땅 위의 신을 거부할 수는 없었다. 결국 큰돈을 까먹고 가게를 정리했다. 수중에 남은 돈은 6천만 원, 그마저도 대부분 대출금이었다. 먹고는 살아야 했다. 남들 다 한다는 치킨집을 차렸다. 치킨은 프랜차이즈 유통망이 문제였다. 치킨을 둘러싸고 거미줄처럼 너무 많은 것들이 엮여 있었다.

"닭값만 3,500원인데 소비자한테 갈 때는 1만 2천 원이에요. 유통 마진이 너무 셌어요."

프랜차이즈가 얼마나 가져가든 건물주가 사정을 봐줄 리 없다. 건물주에게 뜯기고 프랜차이즈 본사에 뜯기는 전형적인 한국 자영업자의 이야기다.

하지만 누구에게나 인생의 반전은 있다. 그게 하필 오토바이였다. 평소 오토바이 타기를 즐기던 그는 오토바이를 여러 대 갖고 있었다. 사람 좋아하고 오지랖 넓은 남도 씨였다. 경쟁사 치킨집 사장에게 오토바이가 없다는 걸 알고는 자기 오토바이를 빌려줬다. 미련해 보일 정도로 맘 좋은 남도 씨의 행동은 곧 보상을 받았다.

남도 씨는 직접 배달을 다녔다. 어느 날 오토바이를 빌려준 치킨집 사장과 우연히 길 위에서 만났다. 라이더들은 교차로에서 신호를 기다리며 약 30초에서 1분 정도 대화를 나눌 수 있다. 차량의 정지선은 일종의 마을 사랑방이다.

"그때 이 형님(경쟁사 사장)이 갑자기 전업하게 됐다고, 자기가 하던 자리에 들어올 생각이 없냐고 물었어요. 월세가 10만 원이었습니다. 기회였죠."

평소 베풀며 살아온 삶에 대한 보상이었을까? 긴 고생 끝에 찾아온 행운이었다. 임대료가 떨어지니 장사할 맛이 났다.

마침 이맘때 스마트폰이 나오기 시작했다. 남도 씨는 선이 굵은 투박한 외형과는 달리 얼리어답터였다. 모토로라 스마트폰을 사서 포스기 데이터를 바탕으로 고객 정보를 지메일로 동기화했다. 작은 동네 치킨집에서 데이터를 다루기 시작한 것이다. 카톡이 뜨기 시작한 2012년부터는 카톡으로 주문을 받았다. 블로그, 페이스북 등 SNS와 인터넷을 통한 마케팅과 홍보를 한 덕분에 인쇄 책자 광고비도 줄일 수 있었다.

남도 씨는 배달의민족 초기 고객이었다. 월 2만 5천~3만 원을 주고 계약을 맺었다. 동네 치킨집 사장은 배달 앱 가맹점주로 바뀌어 있었다. 스마트폰으로 주문은 뜨는데 정작 배달할 기사가 없었다. 배달 대행사 시스템이 제대로 갖춰져 있지 않던 때였다. 답답한 마음에 직접 동네 배달 대행사에 취직해 라이더로 일하기 시작했다. 치킨집은 주로 저녁 장사와 새벽 야식 장사다. 낮에는 여유가 있어 배달 기사로 일하는 게 가능했다. 가맹점주이면서 배달 대행 기사를 동시에 하는 '사장-노동자'가 탄생하는 순간이었다.

배달 대행사는 음식점과 계약을 맺는 게 핵심이다. 기사들은 동네에서 일하다 보면 동네 음식점 사장들과 인사하는 경우가 종종 있다. 개중에 수완 좋은 배달 기사는 새로운 음식점과 자기가 일하는 배달 대행업체의 계약을 중개하기도 한다. 이러면 동네 배달 대행 사장은 기사에게 인센티브를 준다. 그런데 배달 대행 사장이 돈 욕심을 부리기 시작했다. 남도 씨가 영업을 너무 잘하니 나가는 인센티브가 아까워서 제대로 된 보상이나 대우를 하지 않았다. 다른 기사들도 불만이 쌓였다.

여기에 환멸을 느낀 기사들이 의기투합해 창업을 감행했다. 장사 경험도 많고 애플리케이션을 잘 다루는 남도 씨가 주동자가 되었다. 당연히 기존 배달 대행사는 남도 씨를 배신자로 낙인찍었다. "등에 칼을 꽂았다"라는 등 뒷말이 무성했다. 창업했으면 다 같이 열심히 해야 하는데 그러지 못했다. 하루는 동료들이 사무실에서 술판을 벌이고 있자 술판을 걷어차고 나와버렸다. 그렇게 배달 대행 사업을 접었다. 두 번째 좌절이었다.

### 관리자이자 노동자인 사람

동네 배달 대행사에 찍혔기 때문에 남도 씨의 치킨집은 더 배달 대행 서비스를 이용할 수 없었다. 혼자서 모든 배달을 소화할 수도 없어 가게를 유지하기 힘들었다. 그러다 보니 배달이 줄고 매출이 떨어지기 시작했다. 결국 추가 수입을 위해 오전 시간에 퀵서비스를 시작했다. 고된 삶이었다. 퀵서비스 회사는 기사들로부터 수수료를 23퍼센트 떼 가고 있었다. 그사이 배달 대행 시장이 커지면서 퀵서비스 기사에서 배달 대행 기사로 완전히 전업한다. 이게 2016년의 일이다. 경험과 능력을 인정받은 남도 씨는 유명 플랫폼업체의 직영점 관리자로 변신했다.

남도 씨는 배달 대행을 하면서 소위 '더러운 꼴'을 너무 많이 봤다. 특수형태근로종사자인 라이더가 산재보험에 가입하려면 금액의 50퍼센트를 사장이 부담해야 한다. 그런데 산재보험에 가입시키면서 모든 부담을 라이더에게 전가하는 사장들을 목격했다. 또한 일정 정도의 일감(콜 수)을 보장하려면 라이더를 적당히 받아야 한다. 그런데 누가 배달을 하든 한 개의 콜당 수수료만 받아 가면 된다고 생각한 사장들이 너무 많은 라이더를 받아 놓고 관리도 하지 않았다. 그가 배달 대행 플랫폼의 직영점 관리자로 일하면서 계약서를 꼼꼼히 작성하고 라이더의 콜을 관리하는 이유다.

그가 내세운 조건은 하나였다. 근태만 지켜준다면 그에 상응하는 수입을 보장한다. 라이더가 충분한 소득을 얻어갈 수 있도록 라이더 수를 적당히 유지하고, 음식점을 관리하면서 주문 콜 숫자를 유지했다. 소위 '똥콜'은 직접 뺐다. 라이더들은 자발적으로 화장실 가는 시간, 휴식 시간, 식사 시간을 단톡방에 올려 돌아가면서 쉬는 분위기를 만들었다. 이제는 함께하는 라이더가 늘어나서 팀장 직급을 만들어

자기 월급 중 50만 원을 떼서 팀장에게 준다. 우리는 이것을 라이더와 위탁 계약서를 쓰고 근로자로 관리·감독하는 한국형 플랫폼 노동의 특징이라고 해석할 수 있다. 하지만 현실에서는 매우 복잡한 인간관계와 이해관계가 얽혀 있다.

그가 생각하는 배달 산업의 가장 큰 문제는 오토바이 보험료다.

"자손, 자차도 안 되잖아요. 그런데 배달 대행용 유상운송보험은 300만~500만 원이잖아요. 그러니깐 안 드는 거고 못 드는 거죠."

라이더들 처우에 대한 마인드가 없고 자본력도 없는 준비 안 된 사람들이 배달 대행 시장을 망친다는 이야기도 덧붙였다. 〈골목식당〉 백종원 씨의 이야기와 맞닿아 있다. 지금까지 우리는 새로운 배달 시장의 장벽으로 자본금만을 생각해왔는지 모른다. 하지만 남도 씨가 이야기하는 배달 시장의 장벽은 조금 다른 느낌이었다. 라이더의 안전과 복지를 책임질 수 없는 사람, 라이더의 삶을 이해하지 못하는 사람은 배달 대행 사장이 될 자격이 없다는 주장이다. 10년 넘게 장사하면서 사람을 통해 도움을 얻기도 하고 상처를 입기도 한 사람의 내공이 느껴졌다. 우리 주변에서 흔히 볼 수 있는 성공과 실패를 거듭한 평범한 사람, 사장이었다가 노동자였다가 다시 관리자이자 노동자인 사람, 그들이 바로 도로 위를 달리는 가깝지만 먼 라이더들, 우리와 같은 삶을 살아가는 사람들이다.

마지막으로 가족들이 걱정 안 하느냐고 물었다.

"아내가 한마디 하더라고요. 안전 장비에 돈 아끼지 말라고."

정답은 모두가 알고 있다. 개인이 책임질 것이냐, 우리 공동체가 함께 책임질 것이냐의 문제만이 있을 뿐이다. 안전은 돈이다. 남도 씨는 위장된 플랫폼을 유지하기 위해 라이더들을 관리·감독하는 중간 관리자일까, 아니면 현장에서 라이더들을 위해 새로운 규칙을 만드는 사람일까? 거대한 구조 속에서 살아가는 사람들의 이야기는 훨씬 복잡하다.

# 2

# 배달의민족은
# 배달하지 않는다

한국의 독특한 배달 산업 구조

**배달 노동자들의** 노동조합인 라이더유니온을 만들면서 고맙게도 언론과 학계의 관심을 많이 받았다.

"요즘 배달의민족이나 요기요 같은 배달 플랫폼에서 일하는 라이더들이 많잖아요."

기자나 연구자가 전화를 걸어 처음 하는 말이다. 처음에는 끊임없이 이어지는 질문을 다 들었지만, 같은 전화가 반년쯤 반복되니 나도 중간에 말을 끊게 된다.

"배달의민족은 배달하는 업체가 아닙니다."

그러면 백이면 백 똑같은 질문이 되돌아온다.

"민트색 유니폼 입은 라이더들이 배민 라이더들 아닌가요?"

내 답도 늘 같다.

"그긴 배민라이더스고요. 배달의민족과 배민라이더스는 다른 서비스 이름입니다. 하는 일과 역할이 다릅니다."

이때부터 통화가 길어지기 시작한다. 배달 산업의 복잡한 구조를 자세히 알지 못하면 내가 하는 말이 도저히 이해 안 되기 때문이다.

이것은 사실 배달 서비스를 이용하는 소비자는 굳이 알 필요 없는 정보다. 그러나 새로운 형태의 배달 산업을 이해하기 위해서는, 특히 한국의 독특한 플랫폼 노동을 이해하기 위해서는 배달 산업의 구조를 짚고 넘어가야 한다. 새삼스럽지만, 일단 배달의민족이 무엇인지부터 알아보자.


## 소비자 주문 중개 앱


배달의민족은 소비자가 스마트폰 애플리케이션을 실행해서 로그인한 뒤 주문하면 음식점의 포스기에 자동으로 주문을 알리는 역할을 하는 프로그램이다. 배달은? 당연히 하지 않는다. 오로지 소비자와 음식점을 앱으로 연결한다. 소비자가 주문을 하면 포스기에서 웅장한 배경음과 함께 "배달의민족, 주문~"이라는 소리가 흘러나온다. 이 소리를 들은 음식점 사장은 주문을 수락한 뒤 세 가지를 선택할 수 있다.

첫째, 음식점 사장이 오토바이를 탈 줄 알고 갖고 있다면 직접 배달하면 된다. 주방과 홀을 다른 사람이 맡고 있거나, 홀에 손님이 많지 않아서 사장이 배달하러 가도 되는 상황이라면 직접 뛰면 된다.

둘째, 만약 음식점에 오토바이가 있고 주차할 곳도 있으며 라이더도 고용했다면, 라이더에게 배달하게 하면 된다. 배달의민족이라는 소비자 주문 중개 앱을 쓰지만, 배달은 근로 계약을 맺은 노동자가 수행하는 방법이다. 주문이 순간적으로 몰리지 않고, 배달 구역도 일정하게 정해져 있으며, 배달 주문도 꾸준하다면 근로자를 사용하는 것이 유리하다. 한 시간에 3~4개 정도의 배달은 근로자 한 명이 수행하는 데 무리가 없다. 비교적 가까운 거리는 여러 개를 묶어서 가도 되고, 지리를 잘 알고 있는 단골손님 집은 빠르게 배달할 수 있기 때문이다.

반면 오전 11시부터 12시까지는 배달 주문이 한 개 정도이고, 12시부터 1시까지는 배달 주문이 10개 정도라고 가정해보자. 음식점 사장은 라이더를 고용하는 게 손해라고 생각할 수 있다. 11시부터 12시까지는 라이더가 놀고먹는다고 생각할 테고, 12시부터 1시까지는 라이더 한 명이 감당하기 벅찬 주문 양이다. 이런 음식점은 라이더를 고용하기보다 배달 대행 서비스를 이용하는 게 유리하다.

배달 외에 음식점 청소나 정리, 심지어 요리까지 시키고 싶다면 근로자를 고용하는 게 좋다. 일단 고용하면 일하기로 약속한 시간 동안은 근로자에게 업무를 지시할 수 있기 때문이다. 가령 주문이 몰리는

11시부터 2시까지 배달을 돌리고, 2시부터 3시까지 밥을 먹인 다음, 주문 없는 3시부터 5시까지 각종 청소나 정리를 시키면 된다. 이런 방식으로 일하는 대표적인 곳이 치킨집이다. 배달원은 바쁘면 자기가 직접 치킨을 튀겨서 가져가기도 하는데, 이렇게 주방 일과 배달 일을 동시에 하다 보면 운전 중 집중력이 떨어져 사고율이 높아진다. 실제로 이정미 정의당 전 의원실 자료에 따르면, 2016~2018년에 10대 사고 노동자 가운데 산재 승인을 받은 노동자는 모두 1,863명이었다. 이 중에서 프랜차이즈 쪽을 골라서 봤더니 교촌치킨(210건)이 산재 1위를 기록했다. 뒤를 이어 이랜드 외식사업부(72건), 굽네치킨(63건), 네네치킨(52건), BHC치킨(44건) 순이었다. 저녁 식사, 축구 경기, 초복, 중복, 말복 등 배달이 특정 시간대에 몰리고, 배달뿐 아니라 조리와 청소 등 여러 가지 일을 함께하는 치킨집에서 높은 산재율을 기록하고 있다.

마지막으로, 사장이 오토바이도 사기 싫고 라이더도 고용하기 싫다면 배달 대행 서비스를 이용하면 된다. 오토바이를 사면 보험료도 나가고 기름값도 나간다. 정기적으로 엔진오일과 타이어도 갈아야 한다. 사고나 고장이라도 나면 수리비도 부담해야 한다. 오토바이를 주차할 곳이 없는 조그만 음식점이거나 어린이들이 돌아다니는 거리에 있는 가게라면 더더욱 오토바이를 소유하는 게 부담스럽다. 동네 사람들과의 갈등은 장사에 도움이 되지 않는다. 게다가 근로자를 고용하면 근로계약서를 써야 하고(안 쓰면 과태료다) 주휴수당, 연차, 퇴직금 등을 책임져야 한다. 위에서 이야기한 것처럼 배달 주문이 없을 때 근로자가 노는 꼴을 보는 것도 속이 쓰리다. 무엇보다도 사람 관리하는 게 스트레스다. 마음에 안 들어서 당장 해고라도 할라치면 해고예고수당을 내놓으라고 하지 않나, 부당 해고라고 항의하지 않나 골치가 아프다.

근로자에게 사고가 일어나면 아무리 수전노 같은 사장이라도 마음이 무겁기 마련이다. 책임도 져야 한다. 사망 사고라도 나면 유가족과 책임 공방을 벌여야 하며, 산재 처리 과정에서 산업안전보건조치를 제대로 하지 않으면 처벌받는다. 잘은 모르지만, 왠지 모를 불이익도 있을 것 같아 불안하다. 이러한 문제를 한 번에 해결하겠다며 배달 대행업체가 등장했다. '오토바이도 우리가 준비하고 라이더들도 우리가 구해서 공급할 테니, 사장님들은 아무런 걱정하지 말고 장사에만 집중하세요.' 그래서 초기에 배달 대행업체의 광고 문구는 "사고가 나도 아무런 책임을 지지 않으실 수 있습니다"였다. 끔찍하지만, 진솔하고 매력적이다.

배달의민족 서비스는 음식점 사장이 배달할 때 고민해야 할 이 세 가지 선택지 중 어느 하나에도 속하지 않는다. 소비자에게는 더 쉽게 주문할 수 있도록 프로그램을 제공하고, 음식점 사장에게는 더욱 많은 배달 주문을 받을 수 있는 애플리케이션을 깔아준 것뿐이다.

# 배달의민족이 만든 혁신

그렇다면 배달의민족이 만든 '혁신'이란 무엇일까? 집 청소할 때 눈에 잘 띄는 것이 음식점 전단이다. 알바는 빌라 현관 비밀번호를 어떻게 알았는지 각종 경고 문구를 뚫고 우리 집 문 앞에 전단을 붙이고 간다. 당연히 들어오면서 떼서 쓰레기통에 버린다. 냉장고에 붙어 있는 전단이나 상가 안내 광고 책자도 대청소할 때 쓰레기통에 버린다. 그런데 사람 사는 게 참 희한해서, 막상 배달을 시키려면 이놈의 전단이 보이지 않는다. 찾다 찾다 쓰레기통을 뒤적이기까지 한다. 그렇게 어렵게 전단을 찾아낸다고 하더라도 문제는 남는다. 광고지에 인쇄된 먹음직스러운 음식과 내가 실제로 받는 음식이 같은지 알 수 없다. 도대체 이 집은 맛집일까, 아닐까? 고민에 고민을 거듭한다.

배달의민족은 바로 이 문제를 해결한 서비스다. 전국에 있는 수백만 장의 전단을 스마트폰 앱 속에 집어넣었다. 심지어 손님은 다른 소비자가 남긴 후기와 음식점의 별점을 통해서 이 집이 맛집인지 아닌지 알 수 있다. 물론 이 별점의 신뢰 여부는 또 다른 이슈다. 정보의 과잉은 정보에 대한 검증을 어렵게 만든다. 게다가 스마트폰 속 데이터와 이미지로만 존재하는 음식점을 소비자가 직접 확인할 방법도 마땅치 않다. 그럼에도 불구하고 전단 찾느라 거실을 활보하지 않고, 가장 중요하게는 몸을 일으키지 않고 이불 속에서 스마트폰으로 배달 음식을 주문할 수 있는 편리함을 소비자에게 제공한 것은 배달의민족이 만든 커다란 혁신이다.

음식점에도 골치 아픈 문제를 해결해준다. 지나가는 사람에게 족발 전단을 나누어준다고 상상해보자. 길거리를 지나가는 사람이 밥을 먹었는지, 식사 약속이 있는지 알 수 없다. 이 동네 사람인지, 친구 집에 놀러 가기 위해 이 동네에 잠깐 들렀는지도 알 수 없다. 족발을 먹다가 연인과 헤어진 기억이 있는 사람에게 족발 전단을 건네다가는 봉변을 당할 수도 있다. 나같이 고기를 먹지 않는 사람에게 족발 전단을 배포하는 것만큼 쓸모없는 일도 없다. 종종 지하철역 입구에서 받은 전단이 역사 안 첫 번째 쓰레기통에 엄청나게 쌓여 있는 것을 볼 수 있다. 이런 비효율적인 전단을 찍고 알바를 고용해서 배포하는 비용을 생각하면 여간 아까운 게 아니다. 환경오염 문제도 있다.

소비자 주문 중개 앱인 배달의민족과 요기요는 이 문제를 해결한다. 족발을 검색한 사람, 즉 구매 확률이 높은 손님에게만 내 음식점이 노출되기 때문이다. 게다가 전단은 도대체 몇 부를 찍어야 할지 고민이다. 길거리를 돌아다니는 사람 1,000명에게 뿌리는 것도 무척 힘든 데다, 남거나 모자라서 제대로 홍보를 하지 못하는 위험까지 있다. 그런데 애플리케이션에서는 전단을 몇 부 찍을지 고민할 필요가 없다. 이론상 무한대의 사람들이 검색을 통해 내 가게를 이용할 수 있다. 자리가 10개 있는 음식점은 10명까지 손님을 받을 수 있지만, 배달의민족을 통한 배달 서비스는 재료와 체력만 있다면 무한대로 제공할 수 있다.

무엇보다도 장사하는 사람의 영원한 숙제인 좋은 장삿목과 비싼 임대료 문제를 해결하는 대안이 될 수 있다. 과거 창업 전략에서 음식점을 어디에 차리는가는 성패를 가르는 매우 중요한 문제였다. 유동 인구가 많고 눈에 잘 띄는 곳은 당연히 임대료가 높다. 자영업자는 임대료의 가성비에 맞춰서 그나마 눈에 잘 띄고 유동 인구가 많은 자리를 찾았다. 손님이 많다면 권리금까지 주면서 그 자리에 들어갔다. 그래서 잘못 투자하면 손해가 이만저만이 아니었다. 부동산은 들어가고 나올 때 시간과 비용이 많이 든다.

반면 디지털 세계의 부동산은 훨씬 가볍고 간단하다. 많은 사람이 접속하는 정거장이 있다면 역 앞에 가판을 깔고 자리 잡으면 된다. 장사가 잘 안되면 계약을 해지하면 그만이다. 부동산 중개업자도 필요 없다. 간단히 프로그램만 깔고 지우면 된다. 디지털 세계에서 좋은 자리를 차지했다면 오프라인 가게는 잘 보이지 않아도 상관없다. 심지어 홀 손님을 아예 받지 않고 배달만 한다면 매우 좁은 곳으로 가도 된다. 최근에는 공유주방까지 등장했다. 여러 창업자가 부엌을 공유하면서 배달용 음식만 조리하는 용도로 오프라인 가게를 운영한다. 자연스럽게 임대료를 아낄 수 있다.

오프라인 손님을 버리고 배달만으로 성공하려면, 배달 수요가 충분해야 하는 것은 물론이고 어느 정도 예측까지 가능해야 한다. 동네 음식점 사장이 알고 있는 단골손님 명단으로는 배달 수요 창출이 어렵다. 무한대에 가까운 손님들이 접속하게 만드는 것, 곧 최강의 독점적 플랫폼이 탄생해야 한다. 배달의민족은 바로 이것을 해냈다.

배달의민족 애플리케이션은 2020년 3월 기준 무려 5,400만 명이 다운로드했고, 월 방문자는 1,000만 건, 월 주문은 5,000만 건을 기록했다. 한국 국민을 약 5천만 명이라고 보면 그야말로 국민 애플리케이션이다. 배달의민족이 마음만 먹으면 당신이 이번 달에 치킨을 시켜 먹을 확률을 당신보다 더 잘 알 수 있다. 빅데이터를 이용해 당신의 연령, 사는 지역에 따라 일정한 패턴을 찾아내기 때문이다. '30대 여성, 관악구에 사는 사람은 한 달에 ○번 시켜 먹는다' 정도의 시장 수요를 파악할 수 있다. 배달의민족은 어쩌면 백종원의 〈골목식당〉보다 확실한 창업 컨설팅을 할 수 있다. 그 동네에 치킨집을 차려도 될지, 안 될지를 배달의민족이 가진 빅데이터는 알고 있다.

따라서 배달의민족에 가장 중요한 것은 스마트폰을 이용할 줄 아는 시민들이 모두 배달의민족 앱을 깔고 로그인하는 것이다. 소비자 10명이 배달의민족을 까는 것은 아무런 경제적 의미가 없다. 차라리 스마트폰에 10명의 손님 정보를 저장하고 정기적으로 카톡이나 전화를 하는 게 낫다. 디지털 기술보다는 전통적인 인정에 호소하는 게 효과적이다. 그러나 5,000만 명이 배달의민족을 스마트폰에 깔고 있다면, 단골손님 10명에게 전화하느라 시간을 보내는 것보다 배달의민족 회사에 전화해 프로그램을 사용하고 싶다고 말하는 게 낫다. 이렇게 플랫폼에 소비자인 손님들이 우르르 몰리면 공급자인 음식점들도 우르르 몰려와 가판을 까는 효과가 자연스럽게 만들어진다. 유명 공항이나 역 앞에 상가가 발달하는 것과 같은 이치다. 이것은 앞서 살펴본 플랫폼자본주의의 특징 가운데 하나인 '교차 네트워크 효과'가 전형적으로 나타난 사례이다. 이제 장사를 하려면 배달의민족이라는 정거장에 입장하지 않으면 안 된다.

## 배달 할인 쿠폰을 뿌리는 까닭

이 정거장에 들어가려면 당연히 입장료를 내야 한다. 손님이 배달의민족에서 스마트폰으로 결제할 때마다 약 3퍼센트의 수수료가 음식점에 부과된다. 요기요도 3퍼센트를 부과한다. 배달의민족은 손님이 음식점을 검색하면 가까운 동네 음식점이 노출되게 만들었다. 음식점은 노출 비용을 내야 하는데, 이것을 '깃발'이라고 부른다. 가령 망원동에 사는 손님이 '치킨'을 검색했을 때 내 음식점이 노출되게 하려면 망원동 깃발을 사야 한다. 이 임대료가 월 8만 8천 원이다.

깃발을 하나만 꽂으면 디지털 세계에서 가장 좋은 목인 앱 상단 노출이 잘 안 된다. 하지만 몇 개의 깃발을 꽂아야 자기 음식점이 위에 노출되는지는 사장도 잘 모른다. 그래서 이용자들끼리 깃발 꽂기 경쟁을 하는데, 월 100만 원에서 200만 원을 쓰는 음식점도 있다. 배달의민족이 광고 노출 알고리즘을 알려주지 않는 한 얼마의 광고비를 써야 노출이 되는지 누구도 알 수 없다. 정보 독점을 바탕으로 한 수수료 정책은 플랫폼의 전형적인 수법이다. 배달의민족이 운영하는 '배민사장님광장'에 따르면, 서울·경기·광역시에서 깃발 하나를 꽂을 경우 치킨은 반경 1.5킬로미터, 분식·한식·중식은 반경 2킬로미터, 그 외의 음식은 반경 3킬로미터 이내의 고객에게 노출된다. 서울에 있는 치킨집이 실제 영업장에서 2킬로미터 이내의 손님에게 음식점을 노출하려면 500미터 떨어진 곳에 가상의 주소로 새로 깃발을 꽂아야 한다.

손님은 그 음식점의 상세 주소를 확인하지 않으면 얼마나 먼 거리에서 배달이 오는지 알 수 없다. 그래서 종종 음식점 사장과 라이더에게 화를 내기도 한다. 라이더의 배달 거리 또한 늘어난다. 동네를 벗어난 광역 배달에 유리한 125~300cc 오토바이가 배달 시장에 등장한 배경이다.

배달의민족은 '울트라콜'이라 불리는 깃발 꽂기 이외에도, 오픈리스트, 배민오더 등 다양한 광고 상품을 판매하고 있다. 라이더들끼리 모이면 배달 대행 프로그램 사의 알고리즘을 가지고 논쟁을 벌이듯,

사장들이 모이면 배달 주문 중개 앱 알고리즘을 가지고 격한 논쟁을 벌인다. 복잡한 시스템 때문이다. 이 정책은 시기에 따라 얼마든지 바뀔 수 있다. 따라서 이 책이 출간될 때쯤에는 옛날이야기가 될 수도 있다.

요기요는 거래세를 걷는데, 배달 한 건마다 12.5퍼센트를 뗀다. 앞선 결제수수료 3퍼센트와 합치면 15.5퍼센트를 거래마다 떼 가는 셈이다. 디지털 임대업, 디지털 불로소득이라고 할 만하다. 독점적 지위를 획득해서, 음식을 주문하고 싶은 사람도 음식을 판매하고 싶은 사람도 반드시 이 정거장을 거치게 만든 다음 입장료를 걷는 것이 플랫폼의 꿈이자 목표이다. 그래서 많은 기업이 독점적 지위를 획득하기 위해서 치열한 경쟁을 벌인다.

그 경쟁에서 승리하기 위해 사용하는 방법 가운데 하나가 바로 쿠폰 뿌리기다. 앞서 우리는 이것을 '교차보조금'이라고 불렀다. 플랫폼 회사는 소비자가 자발적으로 개인정보를 제공해 앱을 깔 수 있도록 무료로 프로그램을 제공하는 것은 물론이고 '배달 할인 쿠폰'까지 뿌린다. 이 효과를 알 수 있는 사례가 초복, 중복, 말복에 뿌려지는 치킨 할인 쿠폰이다. 이날 밤 동네 치킨집의 불은 꺼지지 않는다. 새벽까지 오토바이의 불빛들이 골목 구석구석을 밝힌다. 소비자 시장을 쿠폰으로 자극해 반대편 시장인 공급 시장을 터뜨리는 것이다. 쿠폰을 통해 소비자가 자주 플랫폼을 사용하다 보면 디지털 단골이 만들어진다. 소비자에게 앱을 여러 개 까는 건 너무나 귀찮은 일이다. 그리고 인간에게 사용 경험은 매우 중요하다. 출근길에 익숙한 버스 정류장과 지하철 정류장을 계속해서 이용하는 것과 같은 이치다.

이 교차보조금 사용에는 막대한 비용이 필요하다. 그래서 플랫폼 사업자에게 가장 중요한 것은 자금줄이다. 이 자금은 어디서 왔을까? 국제 금융자본으로부터 조달한다. 배달의민족은 이름과 달리 민족자본이 아니다. 배달의민족의 지분 대부분은 국제 투기자본이 갖고 있다. 요기요는 '딜리버리히어로'라는 외국 자본이다. 2019년 요기요는 배달의민족을 잡겠다며 마케팅 비용에만 1,000억 원을 쓰겠다고 밝혔다.

이 두 업체의 싸움은 2019년 12월 딜리버리히어로가 배달의민족 인수를 발표하면서 옛날이야기가 되었다. 인수 비용은 무려 40억 달러, 약 4조 7천 500억 원이다. 배달의민족에 투자했던 투자자 지분 87퍼센트를 인수하고, 김봉진 대표와 경영진이 갖고 있던 13퍼센트의 지분은 딜리버리히어로의 지분으로 전환하는 형식이다. 배달의민족에 투자한 87퍼센트의 지분은 대부분 중국계 자본인 힐하우스캐피털, 미국의 알토스벤처스, 골드만삭스, 세쿼이아캐피털, 싱가포르의 국부 펀드인 싱가포르 투자청 등 국제 금융자본이 갖고 있다. 네이버, KTB네트워스, 본엔젤스 등 국내 기업들도 일부 투자했는데, 이들 금융자본은 이번 매각으로 막대한 이익을 챙겼다.

사람들은 종종 배달의민족이 게르만 민족이 되었다고 놀린다. 딜리버리히어로가 독일 자본이라고 생각하기 때문이다. 그런데 딜리버리히어로의 최대 주주는 남아공의 투자 회사 내스퍼스다. 이들 금융 자본은 2008년 금융 위기 이후 초저금리와 양적 완화를 통해 만들어진 풍부한 유동 자금을 바탕으로 하고 있다. 막대한 자금을 가진 금융 자본은 플랫폼 기업에 투자해서 기업 가치를 높인 뒤 회사를 팔아서 이익을 실현한다. 엑시트(Exit)라 불리는 금융 시장에서의 상장과 인수합병이 이들의 최대 목표다. 따라서 당장의 적자는 큰 문제가 아니다. 플랫폼 기업에 가장 중요한 것은 독점과 이용자의 로그인, 그리고 개인정보를 최대한 많이 수집해서 기업 가치를 높이는 것이다.

이런 플랫폼 기업이 가장 싫어하는 존재가 바로 핸드폰을 사용하지 않는 소비자이다. 여러분의 핸드폰에 배달의민족이 깔려 있지 않다면, 자신을 플랫폼자본주의 시대의 이방인이라고 생각하면 된다. 핸드폰에 익숙하지 않다면 플랫폼 자본이 산업을 확장하는 데 불필요한 존재이기까지 하다. 이 디지털 세계의 이방인을 배달의민족이라는 국가로 이주시키기 위해 어마어마한 이주비, 곧 쿠폰을 발급하는 것이다.

# 동네 배달 대행업체의 탄생

지금까지 소비자 주문 중개 애플리케이션인 배달의민족을 알아봤다. 음식점으로 주문은 끝났다. 그러면 도대체 배달은 어떻게 이루어질까?

우리가 어떤 민족인가? 정말로 배달의 민족이다. 플랫폼이 있기 전부터 배달은 있었다. 일제강점기에도 신문·우유·설렁탕·냉면 배달부가 열심히 일했다. 배달부가 새로 생긴 전차나 자동차에 치어 사망하는 일도 일어났다. 1926년 10월에는 냉면 배달부들이 파업을 벌이기도 했다.[1] 1924년 9월 12일자 〈동아일보〉 기사를 보면 냉면, 설렁탕을 배달하는 사람의 행색이 이상해서 배달 음식을 들이지 못 하게 했다는 내용도 있다. 최근 일부 고급 아파트에서 음식 냄새가 난다고 배달원을 화물용 승강기에 타게 하는 일이 많은데, 예나 지금이나 배달원에 대한 혐오는 비슷한 것 같다. 그 밖에도 냉면 배달의 위생 문제, 배달부의 범죄 우려 등도 1920년대 신문 기사에서 발견할 수 있다. 오늘날 배달원을 둘러싼 각종 사건·사고와 닮았다. 1920년대에도 허위로 냉면을 시켜놓고 사라진 일이 있었다. 요즘에도 배달을 시키고 잠수 타거나 자는 손님이 있다. 사람 사는 게 크게 다르지 않다.

1990년대에 '삐삐'가 등장하면서 배달원의 통신 매체가 극적으로 변했다. 삐삐는 주로 퀵서비스와 같은 장거리 배달에 사용됐다. 삐삐가 나오기 전에는 퀵서비스 기사들이 사무실에 들어가서 일일이 주문을 확인하고 출발했다. 그런데 삐삐가 도입되면서, 배달한 장소에서 삐삐가 오면 공중전화로 사무실에 전화를 걸어 바로 다음 작업을 할 수 있었다. 배달업계에서 최초의 디지털 플랫폼은 삐삐와 공중전화라고 할 수 있다. 그 뒤 얼마 안 있어 무전기가 나타났다. 사무실에서 무전기로 수유-강남, 마포-강서 등으로 콜을 부르면 무전을 먼저 잡아서 응답한 라이더가 콜을 따냈다. 요즘 기사들은 콜을 빨리 잡기 위해 성능이 좋은 최신 스마트폰을 사는데, 이 당시의 기사들도 뒤처지지 않기 위해 무전기를 샀다. 최초의 전투콜인 셈이다.

통신 기술이 발달하면서 음식점 사장들이 배달 비용을 줄이는 방법을 고민하기 시작했다. 라이더를 고용하려면 오토바이를 사고, 보험을 넣고, 관리해야 한다. 사고가 나면 책임도 져야 하니 골치가 아프다. 장사가 안될 때 라이더가 노는 꼴도 보기 싫고 마음에 드는 사람을 구하고 관리하는 것도 힘들다. 그래서 자연스럽게 탄생한 것이 바로 동네의 배달 대행업체다. 즉, 한국에서는 배달 대행과 플랫폼이 아무런 연관이 없었다.

부산의 외진 동네에서 일하는 라이더유니온 조합원은 아직 이런 원시적인 형태의 배달 대행업을 하고 있다. 그는 족발집, 치킨집 등 동네의 10여 개 음식점의 배달 일을 하는데, 가게로부터 건당 수수료와 관리비를 받는다. 주문이 들어와서 배달 음식 준비가 다 되면 사장이 라이더에게 전화나 문자를 한다. 이때 플랫폼은 사용하지 않는다. 여러 음식점이 배달원을 공동 사용한다고 보면 된다.

여러 음식점이 배달원을 공동 사용하려면 누가 오토바이를 제공해야 할까? 음식점 사장들끼리 책임을 미루지 않아도 된다. 라이더가 오토바이를 소유하면 간단히 해결된다. 한 음식점에 소속되어 시급을 받을 수도 없고, 여러 음식점의 배달을 묶어서 가다가 사고가 나면 특정 음식점에 책임을 물을 수도 없기 때문이다. 왜 배달 대행 라이더가 근로자가 될 수 없는지를 노동법이나 플랫폼자본주의, 공유경제를 공부하지 않아도 자연스럽게 알 수 있다.

동네 배달 대행 라이더는 혼자 여러 음식점의 배달을 하다가 몇 가지 곤경에 빠진다. 성실하게 배달하는 라이더를 보고 다른 음식점에서도 배달 일을 부탁한다. 그런데 혼자 새로운 음식점의 배달까지 감당하기는 힘들다. 그래서 혼자 일하던 라이더 A가 동료 라이더 한 명을 구해온다. 이제 두 명이 됐다. 그런데 두 명이 하려니 배달 양이 너무 적다. 전에는 하루 100개 주문을 혼자 처리했는데, 새로 계약한 음식점의 배달이 많아서 하루 140개를 처리해야 한다. 그래서 새로 사람을 구했더니 한 사람이 70개밖에 하지 못 하게 된 것이다. 그래서 라이더 A는 새로 온 사람에게 하루 배달 양 100개를 할당하고, 자기는 하루 30개만 한 다음 음식점 늘리는 일을 한다. 소위 영업을 뛰는 것이다. 이렇게 음식점을 늘리다 보니 함께할 라이더가 더 필요하다.

라이더를 더 채용해서 아예 회사를 차린다. 이게 동네의 소규모 배달 대행업체가 만들어지는 과정이다.

그러므로 배달 대행업체는 다음과 같은 일을 한다고 보면 된다. 첫째, 배달 대행사의 고객이자 배달료의 원천인 음식점에 대한 영업과 관리다. 배달 대행사가 음식점으로부터 배달 한 건당 얼마의 수수료를 받을지, 월 관리비를 얼마나 받을지, 새로운 음식점을 늘릴지, 음식점의 컴플레인이 뭔지 살피고 관리한다. 둘째, 라이더 모집이다. 보통 '우리 배달 대행사는 음식점 고객사가 많고 주문 양이 많아서 돈을 충분히 벌어갈 수 있다'라고 광고한다. 비가 오나 눈이 오나 안정적으로 배달 서비스를 제공하기 위해 라이더들의 출퇴근과 휴무를 관리한다. 라이더가 일하겠다고 왔는데 오토바이가 없다면? 리스업체나 임대업체에서 오토바이를 빌려와 라이더에게 재임대한다. 셋째, 음식점의 주문을 라이더들이 헷갈리지 않고 잘 받을 수 있도록 음식점과 라이더 사이를 중개하고, 배달 과정에서 생기는 주소 오류, 고객잠수, 오배송 등 각종 사건·사고를 처리한다.

문제는 이 중개 업무다. 배달 양이 적다면 전화나 문자로 할 수 있다. 무전기가 있다면 무전을 보내도 된다. 그런데 배달 양이 많을 때는? 비가 오면? 난리가 난다. 감당하기 힘들다. 그래서 탄생한 게 배달 대행 프로그램이다. 음식점 사장이 손님의 주문을 받으면 배달 대행사나 라이더에게 전화하는 게 아니라, 포스기에 설치된 배달 대행 프로그램에 입력한다. 그러면 바로 배달 대행사의 사무실 컴퓨터와 라이더의 핸드폰에 바로 주문이 뜬다. 애플리케이션 설치가 가능해야 하므로 스마트폰이 등장한 이후에 나타난 시스템이다. 초기에는 정말로 조잡한 수준의 프로그램들이 있었다.

그런데 앞서 본 주문 중개 플랫폼 배달의민족이 성장하면서 배달 양이 폭발적으로 증가했다. 소비자 주문 시장이 자극되면서 배달 대행 시장도 커졌다. 이 주문 양을 감당할 수 있는 좀 더 세련된 프로그램이 필요했다. 무엇보다도 소비자 주문 중개로 들어오는 주문을 자동으로 배달 대행 프로그램으로 띄울 수 있는, 호환이 가능한 애플리케이션이 필요했다. 시대가 동네의 배달 대행업체 대신 세련된 플랫폼 회사를 부르기 시작한 것이다. 수많은 프로그램 중에서 부릉, 바로고, 생각대로, 제트콜, 공유다 등이 주요한 배달 대행 프로그램으로 정리되었다. 이 배달 대행 프로그램 회사는 솔루션업체, 또는 배달 대행 플랫폼으로 불린다. 당연히 이 배달 대행 플랫폼 시장은 지금도 변하고 있다.

# 배달 대행사와 프로그램 사의 관계

그렇다면 기존의 동네 배달 대행사와 새롭게 등장한 배달 대행 프로그램 사는 어떤 관계일까? 플랫폼자본주의에서는 데이터가 중요하다. 배달 대행 플랫폼은 음식점의 주문 양, 라이더들의 정보, 하루 배달 건수와 동선 등 배달 대행업에 가장 중요한 가게와 라이더의 정보를 모두 갖고 있다. 하지만 이들이 처음에 갖고 있지 않았던 게 있다.

배달업은 지역 기반 사업이다. 동네 배달 대행사 사장은 오랫동안 동네에 눌러살면서 음식점 사장과 인연을 맺고 있다. 음식점 사장이 갑자기 나타난 플랫폼업체를 믿고 계약할 리 없다. 반면 맥도날드와 버거킹, 피자헛 등 대형 기업들은 동네의 이름 없는 배달 대행사와 계약을 맺고 싶어 하지 않는다. 뭘 믿고 계약서에 서명하겠는가. 그래서 B2B(기업 간 거래) 계약은 간판 좋고 세련된 배달 대행 플랫폼 사가 차지한다. 하지만 막상 배달을 시작하려고 하니 난관이 생긴다. 플랫폼 사는 지역 기반이 없으므로 당장에 기업 물량을 빼줄 곳이 필요하다. 동네 음식점들에 자사 프로그램을 설치하라고 영업할 지역의 토착민도 필요하다. 반면 동네 배달 대행사는 세련된 프로그램과 물량이 안정적으로 나오는 B2B 계약이 필요하다. 그래서 초기에는 지역의 대형 배달 대행사가 배달 대행 플랫폼 사와 계약을 맺는 방식의 협력이 이루어졌다. 총판 같은 개념이다. 예를 들어 경상도는 A 프로그램 사,

전라도는 B 프로그램 사 같은 식이다.

이 배달 대행사가 플랫폼 회사를 바꾸면 지역의 오토바이 색깔도 바뀐다. 이런 장면은 지금도 세심하게 관찰하면 찾을 수 있다. 배달통은 '부릉'의 초록색 바탕인데 그 위에 '생각대로' 시트지가 오토바이 여러 대에 발라져 있다면, 동네 배달 대행사가 프로그램 사를 바꾼 것이다. 한두 대만 배달통 위에 덕지덕지 발라져 있다면 개인 라이더가 업체를 옮긴 것이다.

이 협력 관계는 배달 대행사와 플랫폼 사 사이에 갈등이 생기면 쉽게 깨진다. 동네 배달 대행사가 음식점과 라이더를 강하게 장악하고 있다면 플랫폼 사가 물러나지만, 정반대의 일도 벌어진다. 동네 배달 대행사가 플랫폼 프로그램을 이용하려면 자기가 가진 음식점 정보와 라이더 정보를 프로그램 사에 제공해야 한다. 플랫폼 사는 이 정보를 바탕으로 기존 동네 배달 대행사를 몰아낼 수 있다. 가령 이런 식이다.

배달 대행업은 자유업이기 때문에 누구나 창업이 가능하다. 그래서 같은 배달 대행사에서 사장과 호형호제하던 팀장이 플랫폼 사의 지원을 받아 음식점과 라이더를 데리고 나가서 창업한다. 플랫폼 사는 초기 창업비를 지원한다. 사무실도 내주고, 라이더와 음식점에 보너스도 제공한다. 음식점은 새로운 배달 대행사가 3개월 정도 10만 원가량의 관리비를 안 줘도 된다고 제안하면 옮기고 싶은 생각이 든다. 라이더들도 건당 500원을 3개월가량 더 받을 수 있다고 제안하면 옮기가

기 쉽다. 당연히 이 비용을 개인이 감당할 수 없으니 플랫폼 사가 지원한다. 이렇게 되면 기존의 동네 배달 대행사는 견디기 어렵다.

플랫폼 사가 개입하지 않더라도 문제는 남는다. 실제로 포털 사이트에 '강서구 배달 대행'이라고 검색하면 20개가 넘는 배달 대행사가 나온다. 창업이 쉽고 근로기준법을 지킬 필요도 없기 때문에 우후죽순 생겨난다. 이것은 배달 대행업의 단가가 3,000원에서 제자리거나 오히려 낮아지는 근본 원인이기도 하다. A사는 배달 한 건당 3,500원인데 다음날 새로 생긴 B사가 3,000원으로 낮추겠다고 하면 음식점은 배달 대행사를 옮긴다. 당연히 배달료가 내려간다.

이 독특한 구조는 플랫폼 노동에서 논쟁적인 현상을 낳았다. 바로 한국형 플랫폼의 탄생이다. 뒤에서 자세히 다루겠지만, 최근 전 세계적으로 이슈가 되고 있는 플랫폼의 형태는 양자 또는 3자 중개다. 손님-음식점-라이더(3자)를 연결하거나, 클라이언트와 노동자(양자)를 중개한다. 그런데 한국은 주문 중개 플랫폼과 배달 대행 플랫폼이 나뉘어 있다. 여기에 동네 배달 대행사가 끼어 있다. 그래서 한국의 플랫폼 산업은 2개의 플랫폼(주문 중개, 배달 대행)이 손님-음식점-동네 배달 대행사-라이더, 4자를 중개한다.

여기에는 배달 대행 플랫폼 사와 동네 배달 대행사의 독특한 관계도 있다. 배달 대행 플랫폼 사는 동네 배달 대행사와 '위탁 계약'을 맺는다. 그리고 이 동네 배달 대행사는 라이더와 '알선 계약'을 맺는다.

CU 편의점 알바가 CU 본사의 직원이 아니고 동네 편의점의 직원인 것처럼, 플랫폼 회사는 라이더와 아무런 관계가 없다. 그런데 프랜차이즈 사업처럼 라이더는 플랫폼 사의 로고가 찍힌 배달통을 달고 배달 조끼를 입어야 한다. 게다가 CU 편의점 알바가 가맹점의 직원인 것과 달리, 라이더는 배달 대행사의 직원도 되지 못한다. 두 번 멀어지는 셈이다. 이와 같은 프랜차이즈 형 플랫폼이 한국에서 어떤 끔찍한 결과를 낳는지는 뒤에서 다룰 것이다.

## 맥도날드를 보면 이해할 수 있다

이제 배달 산업 구조의 긴 이야기를 실례를 들어 정리하자. 맥도날드에서 이루어지는 배달 서비스만 보면 된다.

먼저 배달 접수다. 맥도날드는 전화 주문이 가능하다. 하지만 매장으로 전화하면 안 된다. 통합 콜센터로 전화해야 한다. 개별 매장의 전화 접수 업무를 콜센터라는 플랫폼으로 외주화했기 때문이다. 전통적인 아웃소싱이지만 구멍가게 수준은 아니다. 콜센터에서 들어오는 주문은 배달용 포스기 화면에 뜬다. "빠라빠빠빠" 소리를 내면서. 그리고 맥도날드 전용 주문 앱이 있다. 맥도날드는 큰 회사이기 때문에 독자적인 주문 플랫폼을 갖고 있다. 이 주문 역시 포스기에 뜬다.

이것이 2019년부터 변했다. 이제 배달의민족과 요기요에서도 맥도날드 주문이 가능하다. 2019년 10월에 한국 시장에서 철수하기 전까지는 우버이츠도 있었다. 주문 소리는 각각 다르다. "배달의민족 주문~", "요기요 주문, 요기요~", "띵~띵~띵~"(우버이츠). 그래서 맥도날드 매장에서는 모두 5가지의 배달 접수 소리가 난다. "빠라빠빠빠", "배달의민족 주문~", "요기요 주문, 요기요~", "띵~띵~띵~". 이 리듬이 깨지기도 하는데, 매장으로 전화해서 "배달돼요?"라고 물어보는 아날로그적 손님이 등장할 때다. "콜센터나 앱으로 전화하세요"라고 응대하며 끊는다. 이 5가지 소리가 한꺼번에 울리면 정신이 혼미해진다.

배달 주문이 끝났으니 이제는 주문을 처리할 차례다. 맥도날드는 근로자 신분의 라이더를 고용할 수 있다. 5개 주문이 동시에 떴다고 가정해보자. 나 같은 근로자가 3개 정도의 주문을 처리한다. 그래도 2개의 주문이 남았다. 다른 라이더는 없다. 걸어서 갈 수 있는 거리라면 햄버거 만드는 직원을 빼서 보내면 된다. 그래도 한 개의 주문이 남는다. 내가 배달 다녀와서 가면 너무 오래 걸리므로 손님의 항의는 불 보듯 뻔하다. 걸어서 갈 수도 없는 거리다.

이때 배달 대행 프로그램 부릉이나 바로고 중에 하나를 켜고 배달 대행 접수를 누른다. 부릉이 먼저 눈에 띄어서 부릉을 클릭한다. 맥도날드가 날린 배달 주문이 접속해 있던 부릉 라이더 10명의 스마트폰에 동시에 뜬다. 손가락을 계속해서 스마트폰 위에 터치하고 있던 부릉 라이더 한 명이 재빨리 낚아챈다. 내가 3개의 배달 주문을 처리하기 위해 햄버거를 들고 매장 문을 열 때쯤 저 멀리서 내가 가지 못한 배달을 처리하기 위해 부릉이라고 적힌 배달통을 단 오토바이와 부릉 조끼를 입은 라이더가 도착한다. 서로 "수고하세요"라고 인사하며 지나친다.

나는 최저임금과 배달 한 건당 400원을 챙기고 맥도날드 오토바이를 타고 출발하고, 그는 배달 한 건당 3,000원을 챙기고 자기가 산 오토바이를 타고 배달할 예정이다. 맥도날드가 부릉에게 지급하는 액수는 약 4,200원이다(2019년 기준). 라이더가 받은 3,000원 이외에 1,200원이 어디로 가는지, 저 부릉 라이더가 맥도날드 이외의 배달이 있을지 나도 맥도날드도 모른다. 나는 배달을 마치고 맥도날드로 돌아오지만, 부릉 라이더는 배달을 마치고 어디로 간지 알 수 없다.

이제 우리는 이 수수께끼를 풀기 위한 여행을 시작할 것이다. 일단 플랫폼부터다.

# 대형 마트처럼 플랫폼도
# 쉬는 날 있으면 좋겠다

"플랫폼도 대형 마트처럼 다 같이 쉬는 날을 만들어야 한다 이거야."

창원에서 배달 대행사를 운영하는 주 사장의 거친 경상도 사투리가 터져 나왔다. 최소한 설날과 추석에라도 쉴 수 있어야 하는데, 음식점이 설이고 추석이고 장사한다고 하면 배달 대행사도 쉴 수 없다고 하소연했다. 어렵게 말을 꺼내면, "그러면 가세요. 다른 배달 대행사랑 계약하면 되지"라고 하는 음식점 사장이 꼭 한 명씩 있단다. 고객을 빼앗기지 않으려면 명절에도 일해야 한다. 한발 양보해서 "명절에 일을 시키려면 할증이라도 붙이자"라고 요구하면 같은 대답이 돌아온다. "저기 B사는 그런 거 없던데." 동네 배달 대행사가 경쟁하기 때문에 배달 대행사 하나가 좋은 마음을 갖고 명절에 쉬거나 할증을 붙이기 불가능한 구조다. 주 사장은 놀랍게도, 그렇기 때문에 배달의민족이나 요기요 같은 주문 중개 플랫폼 사가 결정해야 한다고 주장한다.

"겨울에 국을 배달하다 보면 냉국이 됩니다. 그래서 너무 추우면 배달도 좀 막자고 이야기를 했죠. 음식점 10군데면 3곳은 좋다고 하는데 나머지는 안 돼요. 여름에는 하도 더워서 가장 더울 때 한 시간만 브레이크 타임 걸자 했는데 안 된대요. 더운 건 알겠다는데 안 돼요. 혼자 힘으로는 불가능하더라고요. 그래서 주문받는 게 배민이랑 요기요니깐 여기서 다 같이 쉬자고 해야 가능합니다."

웬만한 노동조합의 주장보다 강력하다. 쉬는 날 없이 365일 일해야 하는 현실을 옆에서 지켜봤기 때문에 가능한 아이디어였을 것이다.

주 사장은 배달 일하는 사람들 대부분이 '가장'이라고 말한다. 그는 이 사람들이 안정적으로 일할 수 있는 환경을 만들고 사회적으로 존중하는 분위기가 만들어진다면 하나의 직업이 될 수 있다고 생각한다.

"손님이 요청했으면 거기에 대해 합당한 대우를 해야죠. 왜 자기가 불러놓고 쓰레기처럼 대하냐고."

과거에는 기사들에게 직접 밥을 해서 식사를 제공하기도 했다. 기사 수가 늘고 직접 밥하기가 힘들어지자 식대를 지급했다. 유독 밥을 강조하는 이유가 궁금했다.

"가맹점 음식점 사장이 치킨이 사라진 것 같다고 이야기를 하더라고. 기사들이 손댔을 수도 있고 안 댔을 수도 있지. 만약 기사가 손을 댔으면 그건 배가 고파서 손댔을 거라는 생각이 드는 거야. 장발장이 왜 생겼겠어요? 사람 배꼽시계는 똑같은데, 우리는 배고플 때 일을 하잖아. 그래서 배를 부르게 하면 되겠다고 생각한 거죠. 기사들을 위한 것이 아니에요. 기사가 배부르면 웃음이 나오고, 그게 바로 서비스가 좋아지는 거고, 사장도 득이 되는 겁니다."

주 사장도 사장은 사장이다. 기사들의 입장에서만 생각하는 건 아니다. 라이더가 직업의식을 갖고 일해야 하며, 이를 위해 서비스 교육도 이루어져야 한다고 생각한다. 마초적이나마 성평등 교육도 진행한다. 그는 이것을 '성교육'이라고 말한다. 존중받기 위해서는 기사에게도 직업 교육이 필요하다는 게 그의 신념이다.

독특한 것은 라이더들을 바꾸려면 먼저 배달 대행사 사장들을 바꿔야 한다고 생각한다는 점이다. 그 자신이 사장이지만, 누구나 창업할 수 있는 지금의 배달 대행업을 허가제로 바꿔야 한다고 강력히 주장한다. 일종의 진입장벽을 만들어서 허가받은 사업자와 자격을 갖춘 라이더만 일할 수 있게 한다면 비싼 유상운송보험 문제도 해결할 수 있으리라고 믿는다.

## 주 사장의 도전

이 독특한 마인드를 지닌 사장은 어쩌다가 동네 배달 대행사 사장이 됐을까? 50대의 주 사장은 공납금 안 내면 교무실 불려가는 시대에 학교를 다녔다. 형편이 어려웠기 때문에 언젠가 내 사업을 해서 뭔가를 이루고 싶었다. 고등학교 졸업하자마자 돈을 벌었다. 젊은 시절 열심히 살다가 문득 부장 얼굴을 봤다. 고졸에 올라가 봐야 부장 자리가 끝이라고 생각했다. 자신의 종착지가 부장의 하얀 머리카락이라는 사실을 깨닫고 일을 그만뒀다.

주 사장은 유통업에 뛰어들어 일을 배우다가 서른 살에 첫 사업자 등록증을 냈다. 그런데 물건을 납품하고 대금 수금을 못 하는 일들이 허다했다. 부도도 몇 차례 맞았고, 직원들 월급 줄 때의 압박도 느꼈다.

마트의 갑질을 견딜 수 없어서 직접 마트를 차려 장사를 해야겠다고 결심했다. 동네 대형 마트가 그렇듯이 차로 손님이 산 물건을 배달했는데 어느 순간부터 배달 기사가 구해지지 않았다. 마침 야간 계산대 알바의 남자친구가 배달 대행 일을 하고 있었다. 애인을 만나러 마트에 자주 오는 라이더에게 아이스크림을 주면서 이것저것 물어봤다. 오후 5시부터 12시까지 7시간 일하는데 200만 원을 번다고 했다.

"한 건 한 건 하면 건마다 다 돈을 줘요."

이 말이 주 사장의 가슴에 불을 지폈다. 왜 배달 기사가 안 구해지는지를 깨달았다. 그때부터 배달의민족이나 요기요를 알아보기 시작했다. 앞으로 무궁무진하게 발전할 것으로 보였다. 그래서 무턱대고 배달의민족 대리점을 하면 되겠거니 생각하고 배달의민족에 연락했다.

"배민은 배달을 안 해요. 광고만 해요. 배달 대리점은 안 해요."

우리가 이 책에서 계속 이야기한 배달의민족은 배달하는 회사가 아니라는 사실을 주 사장은 실전을 통해서 깨달았다.

이번에는 번지수를 제대로 찾아서 배달 대행 플랫폼 사를 찾아냈다. 당시 창원은 Z사가 독점하고 있었다. 주 사장은 배달 대행 프로그램을 이해하고 싶어서 직접 배달 기사로 일했다. 한 달 정도 일하니 배달 시장이 무엇인지 알게 됐다. 그런데 동네 배달 대행업체가 해도 해도 너무했다. 기사한테는 비정상적인 배달료를 주면서 사장은 엄청난 돈을 벌어갔다. 다른 곳을 알아보기 위해 배달 대행업의 원시적 형태인 심부름업체에서도 한 달 정도 일했다. 사정은 크게 다르지 않았다. 10대 청소년들을 감금하다시피 관리하면서 싼값에 부려 먹고 있었다.

뭔가를 바꿔보고 싶었다. 창원에 새로운 배달 대행 프로그램을 가져와서 배달 대행업체를 차렸다. 포부는 컸으나 막상 사업을 시작하니 라이더가 구해지지 않았다. 라이더들이 업체를 옮겨서 일하고 싶어도 족쇄가 채워져 있었다.

"사고가 한 건 나잖아요. 그때부터 그 친구는 족쇄가 채워져요. 사장은 보험사에서 보험 처리 받고, 애들한테는 사고 처리 비용으로 돈을 따로 받는 거예요. 사장은 오토바이 빌려주면서 임대료에 사고 처리 비용까지 받아내는 거죠. 라이더들은 이 돈 갚으려면 계속 일해야 해요. 4년 전만 해도 그런 열악한 환경이었어요."

그가 자신을 옥죌 수 있는 배달 대행업의 등록제를 주장하는 이유다. 자격 없는 사장들, 저가로만 경쟁하려고 하는 사장들을 규제해야 한다고 믿었다. 스스로 독특한 배달 대행업체를 차려야겠다고 결심한 게기다. '내 위에 뭐 없고, 나 밑에 뭐 없다.' 그가 배달 사업을 하면서 새운 경영 철학이다.

"내가 제일 싫어하는 말이 '감히'입니다. '감히'라는 말을 사람한테 쓰면 안 되는 거예요. 자기나 나나 회사 퇴근하고 시장 나가면 똑같아요."

다소 거칠고, 노조 입장에서 보기에는 부족한 부분도 많다. 그러나 지킬 건 지키면서 사업하고 싶어 하는 동네 배달 대행업체 사장의 존재는 복잡하고 봉건적인 배달 산업의 변화가 가능할 수 있다는 꿈과 희망을 준다.

# 3

# 우버이츠는
# 왜 한국에서 철수했을까

우버이츠 형 플랫폼의 딜레마

지금까지 배달 산업의 대략적인 구조를 큰 틀에서 살펴봤다. 하지만 현실에서 플랫폼은 다종다양한 모습을 보인다. 결론부터 말하면, 우리가 흔히 생각하는 일하고 싶을 때 일하고 쉬고 싶을 때 쉬는 이상적인 플랫폼은 상상 속에서만 존재한다. 지금부터는 정거장에 도착한 플랫폼의 승객들이 어떤 처지에 있는지를 세 가지 유형의 플랫폼으로 살펴본다.

배달 산업에서 우리가 들러야 할 역은 모두 3곳이다. 첫 번째 정거장은 가장 기초적인 플랫폼 형태인 우버이츠 형이다. 두 번째 정거장은 배달 중개 서비스 배달의민족과 요기요가 운영하는 배민라이더스와 요기요플러스 유형이다. 마지막으로 부릉, 바로고, 생각대로로 대표되는 한국형 배달 대행 플랫폼인 프랜차이즈 형이다.

우버이츠는 자유롭게 로그인하고 로그아웃할 수 있으며, 세계적으로 논쟁이 붙은 플랫폼 노동의 문제를 살펴보기 좋은 모델이다. 가장 유연화된 형태라고 볼 수 있다.

배민라이더스와 요기요플러스는 주문 중개 앱 독점을 바탕으로 비교적 탄탄한 규모의 플랫폼 사가 배달 대행 서비스에 진출한 예다. 주문 중개 앱으로 들어온 주문 대부분을 배달 대행사들이 처리하지만, 배달의민족과 요기요가 맛집으로 선정한 음식점의 주문은 자기들이 만든 배달 대행사를 활용한다. 라이더는 배달의민족이나 요기요와 직접 계약을 맺는다고 생각하지만, 실제로는 배달의민족과 요기요가 만든 자회사와 계약을 맺는다.

현재 배달 산업에서 가장 보편적인 형태는 한국형 배달 대행 플랫폼이다. 이 안에서도 차이가 크지만, 본사가 자사의 로고가 박힌 유니폼을 노동자에게 입히면서도 아무런 책임을 지지 않을 수 있으며 설사 책임을 지더라도 프랜차이즈 지점장이 지는 형태다.

우선 첫 번째, 우버이츠 형 정거장으로 입장해보자.


## 우버이츠 시작하기


시작하기도 전에 안타까운 소식을 전하면, 2019년 10월 14일에 우버이츠가 한국에서 철수했다. 한국에서 사업을 시작한 지 2년 만이다.

사실 우버이츠를 처음 들어본 독자들도 많을 테다. 서울과 인천 일부 지역에서만 서비스가 이루어진 데다, 주로 배달의민족이나 요기요를 이용하기 때문에 우버이츠의 존재를 아는 사람들이 많지 않다. 그래서 주변 사람들에게 내가 우버이츠를 하고 있다고 말하면, "개인 차량으로 운전해?"라고 반문하곤 했다. 차량 공유 서비스 '우버'를 떠올린 것이다. 우버는 한국에서 불법으로 규정돼 서비스가 금지됐다. 무허가 택시로 봤다. 대신 우버이츠는 가능했다. 배달업은 누구나 할 수 있는 자유업이어서 저항도 없었다. 세계적으로 유명한 우버의 브랜드를 차용한 우버이츠의 한국 시장 철수는 한국의 배달 시장이 얼마나 강력한지를 보여주는 상징적 사건이다.

우버이츠는 라이더가 일하고 싶을 때 스마트폰의 앱에 로그인하면, 자동으로 가까운 거리에 있는 음식점의 배달 주문을 연결하는 서비스다. 스마트폰으로 온 배달 주문을 수락한 뒤 음식점에서 음식을 받아 손님에게 전달하면 된다. 이때 주문이 들어온 음식점 위치만 알려주고 최종 목적지인 손님의 주소는 알려주지 않는다. 라이더가 음식점에 도착해야만 손님의 주소를 알 수 있다. 주거 밀집 지역이고 상점이 별로 없어 다음 주문을 받기 힘든 소위 '똥콜'을 거절하고, 상점이 많아 다음 콜이 뜰 확률이 높은 소위 '꿀콜'만 잡아서 가는 길 막기 위해서다. 정보를 통제하고 선택적으로 제공하는 것은 플랫폼의 또 다른 특징이다.

결제는 모두 앱에서 미리 이루어지기 때문에 라이더가 카드 결제기를 들고 다닐 필요도 없다. 필요한 것은 스마트폰. 오토바이가 있다면 오토바이로, 자전거가 있다면 자전거로, 오토바이도 자전거도 없다면 도보로 할 수 있다. 그야말로 세상에 존재하는 모든 유휴 자원을 알고리즘과 스마트폰 애플리케이션 기술을 이용해 효율적인 사회 서비스로 전환한다. 이를 긍정적으로 보는 사람들은 우버이츠 형 서비스를 공유경제의 실례라고 생각한다. 그러나 공유경제가 이익도 공유하는지는 이 책의 질문이기도 하다.

앱에 자기 정보를 등록만 하면 우버이츠 배달 기사로 일할 수 있다. 면허증, 오토바이 차량번호와 보험증서, 프로필 사진과 자기소개를 적으면 끝이다. 입사부터 앱을 통해 이루어지니 그야말로 디지털 플랫폼이라고 할 수 있다. 그러나 현실은 조금 다르다. 우버이츠 기사로 최종 등록하기 위해서는 강남에 있는 그린라이트 센터를 방문해야 한다. 약 10분가량의 교육을 받으면 우버이츠 배달 가방을 무료로 준다.

나도 우버이츠 기사로 일하기 위해 그린라이트 센터를 방문했다. 센터에는 많은 라이더가 대기하고 있었다. 놀랍게도 담당 직원은 단 두 명이었다. 지쳐 보였다. 애써 감춘 짜증이 붉게 달아오른 얼굴로 나타나고 있었다. 그도 그럴 것이 일군의 라이더들이 비슷한 질문을 반복했기 때문이다.

"이거 로그인이 안 되네요?"

"지금 되는 거예요?"

"이 화면이 맞아요?"

"초록색 말고 검은색 가방 주면 안 돼요?"

근로자라면 상사의 안내와 지시에 따라 일하면 되지만, 오롯이 자기 힘으로 정거장을 찾아가야 하는 사람들은 묻고 또 물었다. 마치 외국의 지하철역을 헤매던 관광객이 현지의 한국 사람을 만난 것 같았다. 특히 스마트폰에 익숙하지 않은 연령대의 사람들은 다른 이들보다 많은 질문을 쏟아냈고, 직원들의 짜증도 켜켜이 쌓여갔다.

뒤에 약속이 있던 나는 언제 끝날지 모르는 이 소란에 다음에 다시 오겠다고 말했다. 그러자 한 직원이 왜 그런 어리석은 생각을 하냐는 듯 멀뚱한 표정을 지었다. 그는 "10분이면 된다"면서 나를 안심시킨 뒤 몸을 일으켜 큰소리로 외쳤다. 역 앞의 와자지껄함도 "교육을 시작합니다"라는 안내 멘트가 나오자 수그러들었다. 교육은 정말로 10분 안에 끝났고, 나는 우버이츠 기사로 일할 수 있게 됐다.

우버이츠 시스템이 너무너무 궁금해서 견딜 수가 없었다. 어떻게 두 명의 인력으로(물론 그보다 많은 인력이 있었겠지만, 내가 만난 건 단 두 명이므로) 사람들을 모집하고 교육하고 등록하는 게 가능할까? 어떻게 자유롭게 일하는데 안정적인 배달 서비스가 가능할까? 비가 많이 오거나 더우면 라이더가 일을 안 하려고 할 텐데 어떻게 감당할 작정일까? 배달은 어떤 방식으로 배정될까? 앱에서 제안한 배달을 거절하면 어떤 불이익이 생길까?


## 비통제의 통제


답은 앱에 접속하자마자 찾을 수 있었다. 우버이츠는 추천인 코드를 쓸 수 있었다. 만약 내가 지인 A의 추천 코드를 등록하고 25개의 배달을 마치면 A는 10만 원의 보너스를, 나는 5만 원의 보너스를 받는다. A는 내가 몇 개를 배달했는지 실시간으로 확인할 수 있다. 내가 추천인 코드로 입력한 경택은 내가 첫 배달을 완료하자마자 "우버 동지 파이팅"이라는 문자 메시지를 보냈다. 10개를 했을 때는 "힘내요. 배달 가방 없으면 빌려 드릴까요?", 20개를 했을 때는 "아자 아자! 조금만 더 힘냅시다"라며 내 노동을 독려했다. 당연히 나도 다른 사람에게 우버이츠를 권하면서 추천인 코드를 입력해달라고 부탁했다. 라이더유니온을 만들고 있을 때였으므로, 부탁하면서 나한테 들어온 10만 원을 라이더유니온을 위해 쓰겠다고 약속했다. 우버이츠로 노조 설립 자금을 마련할 수도 있겠다 싶었다. 라이더들이 모이는 온라인과 공개 채팅방에는 추천 코드를 입력하면 이후에 받는 10만 원 중 5만 원을 추천인에게 돌려주겠다는 사람들도 있었다. 참고로, 개별적으로 일하는 라이더들은 정보 교환을 위해 자발적으로 공개 채팅방을 만든다. 여기서 각종 정보들이 오간다. 플랫폼 노동자들의 쉼터가 또 플랫폼인 셈이다.

이렇게 일하는 사람들에게 보너스를 줘서 주변 사람들을 우버이츠 노동자로 끌어들이는 동시에 서로의 노동을 독려하게 만들면, 우버이츠는 인력을 선발하고 노동을 독려하는 비용을 아낄 수 있다. 인력 관리하는 직원을 뽑지 않아도 될 뿐더러, 초보 라이더에게 필요한 정보를 추천인 코드를 입력한 사람들이 알려주는 효과도 있다. 어떻게든 일을 시켜야 하므로, 배달에 필요한 정보를 라이더들끼리 서로 묻고 대답하는 일이 자발적으로 벌어진다. 무엇보다 우버이츠가 강제로 일을 시키지 않아도 서로가 서로에게 일을 독려하다 보면 플랫폼은 라이더들을 지휘·감독할 필요가 없다. 인력 모집, 관리 및 독려, 교육 훈련하는 비용을 아껴서 보너스 형태로 라이더에게 지급한다. 지휘·감독 논란에서 벗어나는 이득은 덤이다.

하지만 초보자를 배달 일에 적응시키기 위한 프로모션의 유혹은 25개에서 딱 멈춘다. 25개 프로모션을 달성하면 내 지인이 더 일을 하든 말든 관심이 없다. 그렇다면 그 이후에는 자유롭게 로그인하고 로그아웃하는 라이더들을 어떻게 일하게 만들 수 있을까? 우버이츠는 라이더의 노동을 독려하기 위해서 다른 프로모션을 제공한다. 하루에 5개를 배달하면 3천 원, 10개를 배달하면 5천 원, 15개를 배달하면 7천 원씩(수시 금액)으로 많이 하면 많이 할수록 보너스를 준다. 하루 단위의 보너스도 있고 주 단위의 보너스도 있다. 내가 배달 3개를 마치고 밥 먹고 잠시 쉬려는데, 배달 2개를 더 해서 3천 원의 보너스를 가져가라는 팝업이 뜬다. 그러면 내 배 채우려고 가던 길을 돌려서 남의 배 채우기 위한 식당으로 향한다. 비 오는 날에는 정말로 배달 일하기 싫다. 그런 마음을 알아챈 우버이츠가 나에게 공지를 하나 띄운다. '우천 할증 프로모션.' 보너스가 높으면 나도 모르게 스마트폰을 터치하고 로그인한다.

만약 특정 시간, 특정 지역에 라이더가 모자라면 어떻게 할까? 우버는 이 모든 것을 계산한다. 라이더가 많이 필요한 특정 시간대에 1.5배의 프로모션을 건다. 처음 오픈하는 지역이나 우버이츠 가맹점이 별로 없어 배달 콜이 없는 지역에는 라이더를 유도하기 위해 무려 2배의 프로모션을 걸기도 한다. 평소 배달료가 5천 원이라면 1만 원으로 올리는 식이다. 이보다 노골적인 예도 있다. '강남 지역 주문 폭발, 지금 바로 접속해서 시간당 2만 원의 수익을 올리세요'라는 문자가 온다. 콜이 없는 강남 주변에 있던 라이더들이 강남으로 이동하거나, 일하지 않던 라이더들이 로그인할 수밖에 없게 만드는 유혹이다. 여기서 한 가지 놓치지 말아야 할 사실이 있다. 라이더는 정말로 강남 지역에 주문이 폭발하는지 확인할 수 없다. 막상 강남에 가보니 콜이 없을 수도 있다. 또 같은 프로모션을 보고 몰려온 라이더들 때문에 일감을 차지하지 못할 수도 있다.

프로모션 역시 플랫폼 마음대로 수정이 가능하다. 초기에 많은 라이더를 모집하기 위해 막대한 프로모션을 제공하다가 본사의 정책에 따라 언제든지 조건을 후퇴시킬 수 있다. 이에 대해 항의할 방법은? 없다. 라이더의 생존에 필요한 조건을 개인사업자라고 불리는 라이더가 아니라 우버이츠가 일방적으로 정한다.

이것은 정보 비대칭을 활용한 플랫폼의 우월적 지위를 보여준다. 플랫폼은 중개업자다. 서비스 수요자와 공급자를 연결하는 역할을 한다. 그런데 각각의 정보를 플랫폼 사만 가진다. 소비자는 우버이츠에 얼마를 내고 음식을 주문하는지, 음식점 사장은 우버이츠에 수수료를 얼마나 지불하는지, 라이더는 우버이츠로부터 얼마를 받는지 정확히 알 수 없다. 소비자, 음식점, 라이더가 서로의 협상을 통해서 자연스럽게 시장 가격을 만드는 것이 아니다. 플랫폼 사가 정보 독점을 바탕으로 일방적으로 가격을 결정한다. 가령 우버이츠는 시간과 지역에 따라 프로모션이 다르다. 강서구에 새로 오픈하면서 우버이츠는 배달료를 2배 주는 프로모션을 제공했다. 다른 지역들은 시간에 따라 1.2~1.5배까지 다양한 프로모션을 제공했다. 그런데 이 기준이 어떻게 만들어지는지 라이더들은 알 길이 없다. 초기에 많은 프로모션을 제공하면서 우버이츠 기사들을 모집했지만, 시간이 지나면서 서서히 프로모션이 줄어들었다. 라이더들의 동의를 얻는 과정은 없었다. 라이더들은 개별적으로 일하기 때문에 뭉쳐서 자기 목소리를 내기 힘들다.

수많은 정보를 배타적으로 소유하는 것 자체가 커다란 힘과 권력이다. 당연히 기존의 대기업들도 이런 힘을 사용해왔다. '영업 비밀'이라는 전가의 보도를 휘두르며 산재를 은폐하고, 경영상의 위기를 과장해서 정리해고를 하거나 임금 상승을 억제하기도 했다. 차이가 있다면 플랫폼은 정보의 배타적 독점 자체가 기업의 수익 모델이자 가치라는 점이다.

이러한 정보 비대칭이 만드는 효과는 역설적이게도 '불신'이다. 라이더는 정보가 없기 때문에 두 가지 선택 상황에 놓인다. 자기 자신을 불신하거나 플랫폼을 불신한다. 분명히 로그인했는데 주문이 배정되지 않으면 라이더는 온갖 상상을 한다.

'내가 자주 앱에 로그인해서 배달하지 않아 주문 배차가 들어오지 않나?'

'아무래도 자주 일하는 사람에게 먼저 배차되게 알고리즘을 설계하지 않았을까?'

'지난번에 웃지 않고 배달해서 혹시 손님의 컴플레인 때문에 배차가 안 되는 건 아닐까? 다음에는 억지로라도 웃어야지.'

플랫폼이 공정하지 않다는 이러한 불신은 동료들에 대한 미움으로 바뀐다. 라이더들이 모여 있는 공개 채팅방에 한 라이더가 수익을 자랑하는 사진이라도 올리면, '왜 나만 이렇게 돈을 못 벌까'라는 의심이 생긴다. 플랫폼의 공정성을 의심하는 것이다. 그 와중에 음식점 픽업 거리만 8분인 똥콜들만 뜨면 의심은 확신으로 바뀐다.

더욱 사람을 미치게 만드는 건 이런 확신이 사실인지 아닌지를 알 수 없다는 점이다. 라이더는 자연스레 플랫폼이 좋아할 만한 태도로 열심히 일하거나, 플랫폼이 불공정하다는 영원히 확인할 수 없는 불신을 안고 떠날 수밖에 없다. 이 문제는 플랫폼 노동의 화두다. 나는 이것을 노동과정의 불확실성에서 나오는 '비통제의 통제', '마음에 대한 지휘'라고 부른다. 플랫폼은 오케스트라의 지휘자처럼 사람의 마음을 긴장시키기도, 고조시키기도, 가라앉히기도 한다.

여기서 우리가 주목해야 할 것이 있다. 바로 우버이츠가 사용하는 용어다. 우버이츠는 배달하는 사람을 근로자나 노동자, 배달원으로 부르지 않는다. '파트너'로 부른다. 함께 이익을 공유하는 동업자라는 정체성은 배달원을 근로자로도 사업자로도 규정하기 힘든 제3의 존재처럼 느끼게 만든다. 또 우버이츠는 프로모션을 '퀘스트'라고 부른다. 퀘스트란 온라인 게임에서 이용자가 수행해야 하는 임무를 말한다. 임무를 달성하면 이용자에게 보상이 주어진다. 즉 파트너는 우버이츠에 접속해서 주어진 임무를 완수하면 보상을 받는 일종의 게임을 하는 셈이다.

파트너든 퀘스트든 이 용어들이 만들어내는 효과는 하나다. 라이더가 하는 배달 일을 '노동'으로, 라이더를 '노동자'로 여기는 것을 방해한다. 물론 말만 바꾼다고 자기가 실제로 하는 일을 게임으로 인식하지는 않는다. 하지만 자기가 하는 일을 진지한 직업으로 받아들이는 걸 방해한다는 점은 분명하다. 여기에 근로기준법이나 사업자의 진지한 책임이 끼어들 여지는 없다. 재밌는 게임에 진지충이 끼어들면 '노잼'이다.

## 높은 배달료

우버이츠를 비판했지만, 그래도 우버이츠는 시사하는 바가 있다. 우버이츠는 전투콜이 아니다. 알고리즘이 강제로 배차한 배달 주문을 라이더가 수락하거나 거절하면 된다. 게다가 한 건씩만 배달하면 된다. 따라서 여러 건의 배달을 묶기 위해 계속해서 스마트폰을 바라볼 필요가 없다. 전투콜을 잡기 위해 1초 단위의 싸움을 할 필요도, 좀 더 빠르게 콜을 잡기 위해 성능 좋은 스마트폰을 살 필요도, 주행 중에 스마트폰을 바라볼 필요도 없다. 안전하다.

그런데 배달을 한 개씩만 하면 돈이 안 된다. 음식 픽업하는 데 10분, 배달하는 데 10분, 다음 콜을 기다리는 데 10분이 걸린다면 한 시간에 2~3개 정도 배달이 한계다. 이러면 최저임금도 안 나온다. 우버이츠는 이 문제를 높은 배달 단가로 해결한다. 적게는 5,000원, 많게는 8,000원까지 준다. 이 정도라면 신호를 지키며 배달할 만하다. 어차피 배달은 한 개로 정해져 있고 배달 단가도 나쁘지 않다면, 벌금과 생명의 위협을 무릅쓰고 신호를 위반할 필요가 없다. 손님에게도 좋다. 다른 손님을 거치지 않고 바로 배달하기 때문에 따뜻한 음식을 받을 수 있다. 음식점 역시 손님의 컴플레인에서 자유롭다. 높은 배달 단가와 배차 제한이 라이더, 손님, 음식점 모두 원원할 수 있는 이상적인 배달 생태계를 만드는 것이다.

다만 이 생태계를 유지하려면 돈이 필요하다. 손님은 높은 배달 단가를 보장할 수 있는 배달료를 음식점과 함께 나누어 지급해야 한다. 음식점이 우버이츠에 내는 수수료는 20퍼센트 정도다. 다소 부담스럽다. 물론 한국의 플랫폼에서는 주문 중개 서비스와 배달 대행 서비스를 모두 사용해야 하므로, 이 둘의 수수료를 합치면 우버이츠가 비싸다고 볼 수만은 없다. 우버이츠는 주문 중개와 배달 대행을 동시에 해결하기 때문이다. 아무튼, 높은 배달 단가를 기반으로 한 양질의 서비스를 제공하려면 손님이 배달료 부담을 받아들여야 한다.

우버이츠는 초기에 손님들을 끌어모으기 위해 무료 배송 마케팅을 했다. 그러다 우버이츠가 손님에게 배달료를 받자 콜이 급격하게 줄어들었다. 급기야 우버이츠는 유료 배달료 도입을 및 차례 연기했다. 소비자는 쿠폰 할인과 저렴한 배달료만 부담하면 되는 다른 배달 플랫폼을 얼마든지 쓸 수 있다. 무료가 아니라면 굳이 우버이츠를 이용할 필요가 없다. 우버이츠에 익숙한 외국인들은 사용 경험 때문에 우버이츠를 사용하겠지만, 한국 소비자들은 굳이 우버이츠를 선택하지 않아도 된다.

게다가 한국의 경쟁자들은 라이더를 근로기준법의 책임과 의무를 다하지 않아도 되는 위탁 계약자로 계약하고 실제로는 근로자로 사용하고 있었다. 근로기준법상 사용자가 책임져야 할 비용을 할인받으면서 안정적인 배달 서비스를 제공한 셈이다. 우버이츠가 직접적인 지휘·감독 없이 프로모션과 알고리즘만으로 한국의 불법적인 배달 산업에 맞서 이길 수는 없었을 테다. 플랫폼 산업에서 한국의 기업들은 반칙하고 있었고, 외국 자본은 한국형 플랫폼을 이길 수 없었다.


## 쿠팡이츠 계약서로 본 플랫폼 노동


우버이츠가 국내 시장에서 고군분투하고 있을 때 쿠팡의 로켓이 음식 배달 영역으로 떨어졌다. 음식 배달 서비스인 쿠팡이츠를 시작한 것이다. 우버이츠 시스템을 모방했다고 봐도 무방할 정도로 비슷했다. 쿠팡이츠는 우버이츠보다 등록이 더 편했다. 우버이츠는 운전면허, 오토바이 보험, 교육 등이 필요했지만, 쿠팡이츠는 배송사업자 이용약관, 보안확약서(아마도 이 책의 출판 같은 것을 막기 위한 확실한 약속), 개인정보 처리 업무 위탁 계약서에 동의하고 오토바이 차량번호만 쓰면 바로 등록이 가능했다. 내가 쿠팡이츠에 등록하고 첫 배달을 나가는 데는 5분도 걸리지 않았다. 현장 교육도 없었다. 배달 산업에 대한 제한이나 규정이 없어서 벌어지는 일이다.

하지만 쿠팡이츠는 우버이츠보다 긴 계약서를 갖고 있었다. 쿠팡이츠의 계약서는 플랫폼 노동을 이해하는 데 많은 도움을 주기 때문에 꼼꼼히 살펴볼 필요가 있다. 라이더를 '배송사업자'라고 규정한 이 계약서를 읽다 보면, 왜 근로기준법이 생겼는지를 이해할 수 있다.

> **제4조 회사 및 배송사업자 간 관계 1항** 회사와 배송사업자 또는 일체의 제 3의 제공자 사이에는 (i)자회사 또는 계열사 (ii)파트너십, 고용 또는 대리인 관계가 존재하지 않음을 확인합니다.

회사와 라이더는 아무 관계가 없다는 말을 명확히 써놓았다. 쿠팡이츠도 우버이츠와 똑같이 라이더를 '파트너'로 부른다는 점이 재밌다. 계약서에는 아무 관계 없음, 일 시킬 땐 파트너로 부른다고 해야 할까? 근로자가 아니라 독립적인 배송사업자라고 규정해야 아래의 다른 조항들이 성립할 수 있다.

> **제2조 본 약관의 효력 및 변경 3항** 회사는 본 약관을 개정하는 경우에는

개정된 약관과 사유를 적용 일자 7일 전까지 배송사업자에게 전화, 문자 메시지, 이메일, 앱 푸시 등의 방법으로 고지하며, 배송사업자가 그 기간 안에 이의를 제기하지 않거나, 본 약관에 의한 배송 사업을 수행하는 경우 본 약관의 개정안에 동의한 것으로 봅니다.

**제3조 본 약관의 기간 및 해지 2항** 회사는 언제든지 어떠한 사유로든 배송사업자에게 통지함으로써 본 약관을 해지하거나 배송 프로그램(앱) 등 서비스를 중단할 수 있습니다.

**제6조 위탁 수수료 등 2항** 회사는 전 항의 위탁 수수료를 변경할 수 있으며, 이 경우 7일 이상의 기간을 정하여 배송사업자에게 제공되는 배송 프로그램(앱), 전자메일 또는 SNS 등의 방법으로 사전 통지합니다.

**제13조 계약의 해지 1항** 일방 당사자는 상대방 당사자가 본 계약에서 정한 사항을 위반한 경우 상당한 기간을 정하여 그에 대한 시정을 상대방 당사자에게 요구할 수 있고, 그럼에도 불구하고 상대방 당사자가 정당한 사유 없이 이를 시정하지 않을 경우에는 상대방 당사자에 대한 서명 또는 구두 통지로써 본 계약을 즉시 해지할 수 있습니다.

**2항** 배송사업자의 귀책 사유로 인하여 물품이 훼손·분실·도난된 경우 또는 배송사업자가 물품을 절취하는 등 회사에 대한 위법 행위가 발생한 경우 배송사업자는 해당 물품에 대한 손해배상액은 판매가(쿠팡이츠 판매자의 판매가격)로 합니다.

이 조항을 종합하면, 플랫폼 사가 일방적으로 계약 조건을 변경하더라도 라이더가 아무 말 없으면 동의한 것으로 간주한다는 뜻이다. 그런데 이 약관에 동의하지 않으면 파트너로 등록이 불가능하고 일할 수 없다. 플랫폼 사가 이야기하는 '동의'는 자유로운 개인 간의 계약을 의미하겠지만 실제로는 '강제된 동의'다. 즉 플랫폼 사 마음대로 근무 조건을 변경할 수 있다.

바로 이런 이유로 우월적 지위를 가진 회사나 사장이 일방적으로 근무 조건을 변경하지 못 하도록 근로기준법이 만들어졌다. 최저임금보다 낮은 임금(수수료)을 주지 못하며, 일방적으로 근무 조건을 변경하려면 근로자 과반수의 동의를 받아야 한다(취업규칙불이익변경의 금지). 또 해고(계약 해지)하려면 정당한 절차를 거쳐야 하고, 해고 이유를 적어서 서면으로 통지해야 한다. 이유도 모르고 쫓겨나는 걸 받아들일 수 있는 정신력을 가진 인간은 많지 않다. 해고하더라도 최소한 30일 전에 근로자에게 통보해야 하고, 갑자기 해고하면 30일 치 통상임금에 해당하는 해고예고수당을 지급해야 한다. 하루아침에 생계에 필요한 소득을 잃으면 삶을 꾸려가는 것이 불가능하기 때문이다. 계약서를 더 살펴보자.

**제8조 배송사업자에 대한 평가 1항** 물품 수령인은 쿠팡이츠 사이트 등에 배송사업자의 배송 서비스를 평가할 수 있습니다.

**2항** 배송사업자에 대한 배송 서비스 평가 결과가 회사가 정한 기준에 미달하는 경우, 회사는 배송사업자의 회사 배송 프로그램(앱)의 접속 권한을 상실·제한할 수 있습니다.

여기서 물품 수령인은 손님을 말한다. 손님의 별점 평가를 통해서 앱 접속을 막을 수 있다는 것을 약관에 집어넣었다. 중요한 것은 어느 정도 욕을 먹어야(역따봉) 앱 접속이 막히는지 알 수 없다는 점이다. 회사가 정한 기준을 구체적으로 공지하지 않는다.

앱을 통해 확인할 수 있는 '내 평점'(실제 탭 제목이다) 산정 기준에는 네 가지가 있다. 고객이 따봉과 역따봉을 누를 수 있는 배달 평점(이 글을 쓰고 있을 때 역따봉은 0이어서 기분이 좋다), 쿠팡이츠 알고리즘의 배달 요청을 얼마나 잘 받아들이는지에 관한 수락률, 수락하고 나서 실제 배달했는지 여부를 판가름하는 배달 완료율, 음식점에 약속 시간 내(짧은 건 5분, 긴 건 20분)에 도착했는지를 묻는 도착률, 손님에게 약속 시간 내(짧은 건 10분, 긴 건 20분)에 도착했는지를 묻는 약속 시간 내 도착률이다. 내 점수는 각각 100퍼센트(배달 평점), 88퍼센트(수락률), 100퍼센트(배달 완료율), 85퍼센트(음식점 약속 시간 내 도착률), 100퍼센트(손님 약속 시간 도착률)을 기록하고 있다(2019. 12. 3. 기준).

'만약 회사에서 정한 음식점 약속 시간 내 도착률이 80퍼센트라면 어떨까?' 내가 그렇게 마음속으로 생각하기 시작하면 마음의 동요가 인다. 배달 요청을 접수하는 순간부터 심장이 뛰며 신속하게 음식점으로 달려갈 테다. 가장 서글픈 건 이런 노력이 과연 가치 있는지 알수 없다는 점이다. 구체적인 회사의 기준을 라이더에게 알려주지 않기 때문이다. 그러거나 말거나 쿠팡이츠 라이더가 쓰는 앱 화면 위에는 약속 시간이 뜨고, 나에게 속삭인다. "10분 남았습니다." "5분 남았습니다." "1분 남았습니다." 숫자가 1에 가까워질수록 오토바이 소리는 요란해진다.

실제로 라이더유니온 조합원 한 명이 이 시간 압박 때문에 빗길에 넘어서 사고가 났다. 쿠팡이츠 고객센터에서는 음식의 안위부터 물었다. 우리는 고용노동부에 사고를 일으킬 만한 시간제한이 위법하다고 진정을 넣었다. 그러나 고용노동부는 사고를 일으킬 만한 시간인지 알 수 없다며 처벌할 수 없다는 답변을 보냈다.

2020년 4월 29일 라이더유니온이 개최한 2차 오토바이 행진 시위 때 이 사건과 관련해서 문제를 제기했다. 그러자 평점을 계산하는 항목에서 시간 내 도착률이 빠졌다. 핸드폰 화면에 띄우던 배달 제한 시간 표시도 사라졌다. 전형적인 플랫폼식 문제 해결 방식이다. 문제가 생기면 하루아침에 바꾸고 아무 일도 없었던 것처럼 지나간다. 라이더들은 눈에 보이는 규제는 사라졌지만, 여전히 회사가 배달 데이터를 가지고 라이더를 평가하고 알고리즘 시스템에 반영할 것이라 믿고 있다. 플랫폼은 라이더가 일하는 과정을 모두 알고 있기 때문이다. 아래의 조항을 살펴보자.

**제9조 위치정보 제공 동의 1항** 배송사업자는 배송 업무를 수행하는 동안에 배송사업자의 위치 정보가 회사에 제공되는 것에 동의합니다.

**2항** 배송사업자는 자신의 위치 정보가 물품 수령인에게 실시간으로 표시되는 것에 동의합니다.

라이더들이 모여 있는 다양한 종류의 공개 채팅방에는 다양한 사연이 올라온다. 그 가운데 위치 정보와 관련한 흥미로운 제보가 있다. 라이더가 자기가 아는 길로 손님에게 약속한 시간 안에 갔는데 손님이 대뜸 라이더에게 항의했다. "왜 돌아오셨어요?" 손님은 라이더가 움직이는 동선을 실시간으로 체크하고 있었다. 약속 시간 안에 도착했는데도 손님에게 노동의 결과가 아니라 노동의 과정을 지적받았다. 디지털 기술의 발달로 손님의 성격이 변하고 있다. 노동과정 감시자이자 사용자로서의 손님이 탄생했다.

손님뿐 아니다. 쿠팡이츠는 초기에 배달 콜이 없을 때 라이더들을 붙잡아두기 위해 시급을 보장하는 정책을 폈다. 모든 주문을 수락하고 출퇴근을 지키면 시간당 1만 5천 원, 피크 시간대에는 2만 원까지 보장했다. 이때 위치 정보를 알 수 있으므로 배달 콜이 잘 뜨지 않는 곳에 라이더가 있으면 전화해서 배달 콜이 많은 지역으로 돌아오라고 했다.

**제12조 양도 등의 제한**  배송사업자는 본 약관에 따른 지위, 권리 및 의무의 전부 또는 일부를 회사의 사전 동의 없이 제3자에게 양도, 재위탁하거나 담보의 목적으로 제공할 수 없습니다.

**제14조 면책 2항**  배송사업자가 배송 업무를 수행하는 과정에서 교통사고가 발생하는 경우 배송사업자의 책임과 비용으로 해결하여야 하며, 회사는 이에 대한 어떠한 책임도 부담하지 않습니다.

플랫폼의 욕망을 가장 적나라하게 드러낸 조항은 '제14조 면책'이다. 배송사업자이기 때문에 사고 나면 오롯이 사장인 네가 책임지라는 뜻이다. 과연 라이더가 사장일까?

약관 제12조는 지휘·감독과는 별개로 실제로 라이더가 사장이 될 수 없음을 보여준다. 사장이라면 독자적인 영업 활동을 할 수 있어야 하고 근로자를 고용할 수도 있어야 한다. 그런데 만약 라이더가 쿠팡이츠와 가맹 계약을 맺은 음식점에 찾아가서 "사장님, 앞으로 저와 계약하시면 제가 이 가게 배달을 저렴한 가격으로 신속하게 해드리

겠습니다"라고 제안하면, 쿠팡이츠는 이 라이더와 계약을 당장 해지할 것이다. 쿠팡이츠 가맹점이 아니더라도 마찬가지다. 동네에 아는 치킨집에 가서 "내가 쿠팡이츠도 하면서 치킨집 사장님 배달도 같이 빼줄게"라면서 계약을 맺었다고 하자. 치킨집 배달을 하다가 쿠팡이츠 배달을 제대로 못하면 당연히 쫓아낼 것이다. 쿠팡이츠 배달을 잡고 치킨 배달을 하느라 동선이 꼬이면 위치 정보로 다 알 수 있기 때문이다. 그렇다고 독자적으로 근로자를 고용해서 일을 시켰다가는 '제12조 양도 등의 제한'으로 걸려 바로 쫓겨난다. 이런 사장이 어디 있나? 그래서 근로기준법에서는 '근로 제공자가 스스로 비품, 원자재나 작업 도구 등을 소유하거나 제3자를 고용하여 업무를 대행하게 하는 등 독립해 자신의 계산으로 사업을 영위할 수 있는지 없는지'를 기준으로 근로자인지 사업자인지를 판단한다.

2019년 9월 18일 캘리포니아 주지사가 서명해 2020년 1월 1일부터 적용된 AB5 법안에도 이런 내용이 있다. AB5 법안은 우버이츠와 같은 플랫폼 노동자가 위와 같은 사장, 즉 독립계약자로 잘못 분류되어 노동법의 보호를 받지 못하는 것을 막기 위해 제정되었다. 흥미로운 점은 노동자 자신이 근로자라는 사실을 증명해야 하는 것이 아니라, 사용자가 자기와 계약한 사람이 근로자가 아니라는 사실을 증명해야 한다는 것이다. 이를 위해서는 abc 테스트를 통과해야 하는데, 일하는 사람이 a)회사의 지휘·통제로부터 자유롭고, b)그 회사의 통상적인 비즈니스 이외의 업무를 해야 하며 c)스스로 독립적인 고객층을 갖는 등 해당 사업에서 독립적인 비즈니스를 구축하고 있어야 한다. 즉 자유로워 보이는 우버이츠나 쿠팡이츠 같은 온전한 의미의 플랫폼 노동자 역시 자율권을 가진 사장으로 볼 수 없다는 것이다.

게다가 계약 내용만 보면 책임은 회피하고 경제적으로는 종속시키는 독소 조항이 가득하다. 계약서엔 회사의 책임과 의무에 관한 사항이 거의 없다. 서로 평등하지 않은 관계에서 진행되는, 먹고 살려면 어쩔 수 없이 서명해야 하는 계약은 결코 자유로운 계약이 아니다. 사용자와 노동자를 규정하는 법률이 자유로운 계약을 기반으로 한 민법이 아니라, 상대적으로 힘이 약한 노동자를 보호하고 권리를 보장하는 노동법인 이유를 쿠팡이츠 계약서가 잘 보여준다. 플랫폼이라는 간판을 붙인다고 해서, 근로계약서가 아니라 '약관'을 쓴다고 해서 이 사실이 달라지지는 않는다.

쿠팡이츠뿐 아니라 배민라이더스도 우버이츠처럼 자유롭게 로그인하고 로그아웃할 수 있는 보편적 의미의 플랫폼 노동을 활용하기 시작했다. 이를 '클라우드 아웃소싱'이라고 부른다. 구름처럼 많은 군중을 로그인시켜 놓는다는 뜻이다. 언제든지 꺼내 쓸 수 있도록 많이 로그인하게 하면 좋다. 여기에 기업의 업무를 제3자에게 위탁해서 처리한다는 뜻을 지닌 '아웃소싱'을 더했다. 쉽게 말해서 대기하고 있는 무수히 많은 군중에게 기업에서 필요한 업무를 건건이 던져준다는 뜻이다. 그때그때 일감을 받아 수행하기 때문에 호출형 노동, 온디맨드 노동이라고 볼 수 있다.

우버이츠 형 노동이 가진 핵심적인 문제는 배민커넥트의 엉뚱한 행동이 라이더유니온에 접수되면서 한국에서 수면 위로 드러났다.

## 노동법 모르는 배민라이더스의 도전이 만든 변화

배달의민족이 운영하는 배달 대행 서비스인 '배민라이더스'가 출시한 우버이츠 형 배달 서비스를 '배민커넥트'라고 한다. 플랫폼 노동의 특징인 '접속한다'라는 뜻을 강조한 이름이다. 배민커넥트 라이더(배민커넥터)는 아무 때나 접속해서 출근하고 아무 때나 접속을 끊고 퇴근한다. 우버이츠나 쿠팡이츠는 알고리즘이 라이더에게 강제 배차를 하는 반면, 배민커넥트는 라이더가 전투콜 방식으로 배달 콜을 잡는다.

그런데 배민커넥트에서 라이더에게 특수형태근로종사자의 산재보험료를 걸었다. 배달 대행 라이더는 퀵서비스 기사로 분류되어 특수형태근로종사자 자격으로 산재보험 당연가입 대상이다. 당연가입은 근로자와 마찬가지로 산재보험에 가입하지 않더라도 산재보험에 가입한 것으로 보고, 근로복지공단에서 휴업급여, 유족급여, 장해급여, 요양급여 등의 보상금을 종사자에게 지급한다. 사장의 우월적 지위를 이용해서 근로종사자가 산재보험에 가입하지 못 하게 하는 행위를 방지하기 위해서다. 사장은 산재보험에 가입하지 않으면 근로복지공단이 보상한 금액의 절반을 구상권으로 청구받는다. 그래서 사장도 산재보험에 가입하는 게 좋다.

문제는 특수형태근로종사자로 산재보험에 가입하려면 '전속성' 기준을 충족해야 한다는 점이다. 참 말이 어렵다. 여러 기준이 있지만, 전속성 기준을 쉽게 이해하기 위해서는 근로복지공단 홈페이지에 있는 다음의 규정을 보면 된다. 근로복지공단은 전체 소득의 과반 소득을 얻거나 전체 업무 시간의 과반을 종사하면 전속성 기준을 충족한다고 본다. 그런데 과반이라고만 이야기하면 애매하기 때문에 고용노동부 장관이 임의로 기준을 정했다. 2020년 기준 소득은 1,242,100원, 노동시간은 월 118시간 이상이다. 대부분의 라이더는 주 5~6일, 하루 12시간씩 일하므로 산재적용제외신청서만 적지 않았다면 사실상 모두 산재보험에 가입되어 있다고 보면 된다. 그런데 이 전속성 기준을 충족하지 못하는, 주말에만 일하거나 퇴근 뒤 짧게 일해서 월 1,242,100원 이하로 소득을 얻는 라이더가 문제다.

배민라이더스는 이 전속성 기준을 생각하지 않고 근로복지공단에 특수형태근로종사자 산재보험으로 배민커넥트 라이더들을 가입시켰다. 그리고 근로복지공단은 일일이 확인하지 않고 가입을 승인했다. 곧이어 사달이 났다. 배민커넥트로 일하던 라이더가 사고가 나서 근로복지공단에 산재보험을 신청하자, 근로복지공단은 라이더가 전속성 기준을 충족하지 못 하기 때문에 바로 승인하지 않았다. 그렇게 두 달이 흘렀다. 결국 사고가 난 라이더가 라이더유니온에 상담 전화를 걸었다. 가입을 받아버린 근로복지공단은 불승인 결정을 내리지 못하고 보류한 채 골머리를 앓고 있었다. 라이더유니온이 이에 대해 11월 26일 '도로 위에 지는 삶, 라이더가 위험하다'라는 기자 회견을 통해 문제를 제기하자 근로복지공단이 입장을 발표했다. 이미 가입한 배민커넥트 라이더들에게는 보상하겠다는 것이다. 그리고 향후 특수형태근로종사자가 아닌 라이더에게는 50인 미만 사업주가 가입할 수 있는 사업주 산재보험 가입을 안내하겠다고 발표했다. 그리고 며칠 뒤 배민커넥트 라이더의 산재보험 신청에 대한 승인이 났다.

배민라이더스의 순수한 행동이 근로복지공단의 말도 안 되는 전속성 기준을 무너뜨린 셈이다. 사실 일하다 사고가 났다면 일을 시킨 업체에서 책임을 지는 게 옳다. 그러나 이 모든 책임을 개별 기업이 지다 보면 폐업에 이를 수도 있다. 그래서 탄생한 게 산재보험이다. 산재보험은 노동자가 일하다 다쳤을 때 노동자가 손해배상을 청구해 사업주가 민형사상 소송에 휘말리는 걸 막기 위해 만든 제도다. 그리고 건강을 회복한 노동자를 다시 노동 시장으로 진입시키기 위해 만든 보험이다. 즉 사업주를 위한 제도다. 그렇다면 노동자가 잠깐 일하든 길게 일하든 상관없이 산재보험으로 보호하는 게 제도의 취지에 부합한다. 일주일에 하루 일하는 편의점 알바노동자나, 맥도날드 노동자도 근로자로서 산재보험 제도의 보장을 받는다. 일하는 시간의 길고 짧음, 전업인지 부업인지 여부는 사회적 보호의 기준이 아니다.

물론 배달 라이더같이 음식점, 플랫폼 등 사용자가 여러 명일 때 어떤 사용자가 책임을 져야 할지 헷갈린다. 이때에도 일단 일하는 사람에게는 보상하고, 이 노동력을 공용으로 사용한 사업주끼리 책임 공방을 벌이면 된다. 사용자를 알 수 없다는 말은 사실이 아니다. 산업 구조가 복잡하다 하더라도 이윤을 얻는 주된 사업자가 있기 마련이다. 찾기 어렵기 때문에 보상 자체를 하지 않는다는 건 말이 안 된다. 바꿔야 할 노동법이 있다면 이런 전속성 기준이다.

우리에게 필요한 것은, 산재보험은 당연히 가입해야 한다고 생각한 배민라이더스의 순수하고 원칙적인 태도다. 다른 플랫폼 기업들도 최소한 산재보험에 대한 책임을 지려고 하는 배민라이더스의 자세를 본받을 필요가 있다. 쿠팡이츠는 라이더에게 어떠한 보험도 제공하지 않는다. 배민라이더스가 노동법을 자세히 검토하지 않은 것은 문제지만, 상식적으로 도대체 누가 전속성 기준 같은 것이 있다고 상상이나 했겠는가?

# 알고리즘은 지휘·감독일까

산재보험 이외에도 우버이츠 형 플랫폼 노동이 우리에게 던지는 질문이 더 있다.

우리는 과연 알고리즘을 지휘·감독이라고 볼 것인가? 비나 눈이 오는 날 프로모션을 주고 일을 시키는 것은 정당한가? 이것은 작업 지시일까, 아닐까? 지금 강남 지역에 주문이 폭주하니 로그인하라는 것은 단순한 정보 전달일까, 일을 시키는 것일까? 배달할 때 꼭 가방을 사용하라는 플랫폼 사의 카톡 공지는 지휘·감독에 해당할까? 무엇보다 먹고살기 위해 일하지 않으면 굶어 죽는 세상에서 과연 자유로운 노동이 가능할까?

이것은 우리가 하는 노동에 대한 근본적인 질문이며, 해외의 법정과 신문에서 벌어지고 있는 예민한 토론 주제다. 문제는 한국에서 이런 논쟁은 사치라는 점이다. 한국에서 플랫폼이라고 불리는 대부분의 산업에서는 이론의 여지 없이 강력한 지휘·감독이 벌어지고 있기 때문이다.

이제 이 위장된 플랫폼, 헬조선식 플랫폼을 살펴볼 것이다. 플랫폼과 관련한 고차원적인 이야기는 여기서 끝이다. 우리는 이미 오래전부터 들어왔던 몹시 단순하고 따분한 노동의 이야기를 읽게 될 것이다.

# 평점 제도가 주는 부담이 커요

2018년 7월 27일 "'폭염수당 100원 지급하라'…1인 시위 나선 배달 노동자'라는 제목의 〈SBS〉 보도가 나왔다. 공중파 방송으로는 처음으로 폭염수당 1인 시위를 다룬 기사였다. 내 인터뷰뿐 아니라 다른 라이더들도 다뤘다. 그중에 한 손에는 핸드폰을 들고 등에는 커다란 배달 가방을 맨 배달 대행 노동자가 나온다. "비 올 때 (수당) 조금 주는 거는 있는데, 더워서 주는 거는 따로 없는 걸로 알고 있어요. 다른 데도 제가 알기로 마찬가지……"라고 말하는 라이더다. 배달통이 아니라 배달 가방을 맨 모습이 신기했다.

2020년 4월에 한 라이더가 라이더유니온 사무실에 찾아왔다. 쿠팡이츠 라이더로 일하고 있는 빈잉(가명) 씨였다. 쿠팡이츠 일을 하다가 사고가 나서 쿠팡에 전화했더니 회사는 음료의 상태부터 물었다. 배달이 불가한 상황을 확인하고는 음식값을 물어내라고 했다. 그는 부당하다고 생각해서 라이더유니온을 찾았다.

　빈영 씨는 나를 알고 있다면서 같이 텔레비전에 출연했다고 말했다. 〈SBS〉 보도에 배달 가방을 메고 나온 바로 그 사람이었다. 처음에는 인터뷰를 요청하는 〈SBS〉 기자를 '도를 아십니까' 부류의 사람인 줄 알았다면서 웃었다. 나도 그를 알고 있었다. 배달 라이더들의 공개 채팅방에서 '오러브'로 알려진 유명인이었다. 개를 너무 사랑해서 아이디를 그렇게 지었다. '오러브'는 라이더들 사이에서 금기어와 비슷하다. 그를 싫어하는 라이더들이 많다. 그런데 막상 만나 보니 사람들과 말하기 좋아하는 평범한 라이더일 뿐이었다. 그의 삶을 들어봤다.

## 콜센터 직원으로 일하다

　빈영 씨는 1983년에 서울 강남에서 태어났다. 부자 동네라 10대 때 기억이 좋을 줄 알았지만 그렇지 못했다. 무슨 이유인지 모르겠지만, 친구들은 빈영 씨를 좋아하지 않았다. 초등학교 6학년부터 중학교 졸업할 때까지 학교생활은 힘든 기억투성이다.

　실업계 고등학교를 졸업하고 용산에 있는 통신사 콜센터에서 일했다. 인터넷이나 전화가 안 되는 고객들의 성난 민원을 상대했다. 고객들이 상담사의 침착한 설명을 기다리기보다 욕설을 먼저 내뱉던 시절이었다. 꿈에서도 전화를 받았다. 욕설도 욕설이지만, 집이 경기도로 이사하는 바람에 지옥 같은 출퇴근이 시작됐다. 그게 너무 힘들어서 콜센터를 그만뒀다. 집에서 가까운 KT 콜센터로 옮겨 1년 정도 일했다. 콜센터 일은 심적으로 너무 힘들었다.

그렇다고 일을 안 할 수는 없었다. 곧 공익근무요원으로 일하려면 돈을 모아야 했다. 그렇게 선택한 게 주유소 알바다. 비슷한 또래 형과 할아버지 한 명이 같이 알바로 일했다. 알바노동자들이 겪는 익숙한 풍경이 펼쳐졌다. 주휴수당이나 야간수당은 바라지도 않았다. 손님의 카드를 받고 분명히 결제했는데, 나중에 보니 포스 문제로 결제가 안 됐다. 자기 월급에서 깠다. 세차하는 손님에게 수신호를 잘못해서 운전자가 차를 살짝 긁었다. 역시 월급에서 깠다. 최저임금 2,510원이던 시절이었다(2004년). 월급에서 까는 것은 모두 불법이다. 같이 일하는 형도 사장 마인드가 별로라고 했다. 형을 따라서 같이 그만뒀다. 그가 손에 쥔 것은 70만 원이 전부였다.

그야말로 '현타'가 와서 잠깐 방황하다 갑자기 대학에 가야겠다는 생각이 들었다. 개를 너무 좋아해서 개 관련 학과를 가고 싶었지만, 왠지 미래를 위해 경영정보학과에 가야 할 것 같았다. 수능을 다시 볼 필요는 없다. 수시로 전문대 경영정보학과 05학번이 됐다. 학교에 다니면서 다시 콜센터 일을 시작했다.

"오후에 시간이 남잖아요. 나중에 SK가 되는 '하나로'에서 저녁 6시부터 밤 11시까지 일했어요."

1년 정도 고생하다 장애인학교 보조로 공익 근무를 시작했다. 그에게 일은 중단 없이 반복되는 시시포스의 노동 같았다.

공익 근무를 마치고 대학을 졸업했지만, 경영정보와는 무관한 일을 다시 시작했다. 운명처럼 20대 초반 결제 오류로 최저시급을 앗아간 주유소 포스기를 관리하는 콜센터에서 근무를 시작했다. 수많은 사람의 전화를 받는 일을 수년간 했지만, 여전히 사람은 적응이 되지 않았다. 8명이 근무하는데 모두 남자였다. 빈영 씨도 남자였지만, 마초적인 남성들의 세계는 도저히 맞지 않았다. KT로 다시 콜센터를 옮겼다. 몸이 망가지고 있었다. 성대가 나갔고, 어깨도 좋지 않았다. 사람들과 떨어지고 싶었다.

마침 알바몬, 알바천국이 활발해지던 시기였다. 그렇게 2010년부터 일용직 알바로 생계를 이어갔다. 이삿짐, 랜선 설치, 인형 탈, 건설 현장 등 닥치는 대로 일했다. 4대 보험은 못 들었고 최저임금이 얼마인지도 모르겠지만, 약속한 일당은 바로바로 들어왔다. 일주일 내내 일해서 고단하기도 했을 법한데 마음은 편했다.

돈을 조금 모아 2014년부터 자취를 시작했다. 어릴 때부터 사랑하던 개를 드디어 마음 놓고 키울 수 있게 됐다. '오러브'의 탄생이다. 개를 사랑해서 애견 카페에서도 일했는데, 역시 월급을 떼이고 그만뒀다.

## 우버이츠를 만나다

2017년 우버이츠 라이더 모집 광고가 알바 사이트에 떴다. 자신이 원할 때 일할 수 있다니 딱 맞았다. 배달은 오토바이로만 하는 줄 알았는데 자전거로도 가능하다고 해서 바로 지원했다. 전기자전거도 빌려준다고 했다. 직접 해보니 하루 6만 원 정도 벌었다. 그 정도면 적게 버는 것이 아니냐고 물었다.

"그 정도면 충분합니다. 돈 욕심은 없어요. 그보다 핸드폰이 문제였어요. 하루는 배달을 가는 중인데 핸드폰 배터리가 다 된 거예요. 손님 주소를 몰라서 엄청나게 당황했죠. 한참을 헤매다 편의점 바깥에 있는 콘센트를 발견해서 꽂았죠. 겨우 충전해서 주소만 확인하고 갔는데, 30분 정도 늦었어요. 아찔했죠."

라이더에게 핸드폰 배터리는 생명과도 같다. 일하다 보니 오토바이 배달을 제대로 해보고 싶었다. 마침 우버이츠 라이더들이 모여 있는 공개 채팅방에서 어떤 사람이 오토바이를 싸게 판다는 글을 올렸다. 30만 원 주고 샀다. 얼굴 본 적 있냐고 물었더니 한 번도 본 적 없는 사이란다. 나중에 20만 원 주고 다른 사람에게 다시 팔았으니 손해는 안 본 셈이다.

플랫폼 노동자들은 정보 공유를 위해서 채팅방을 만든다. 일 가르쳐주는 선배도, 정보를 주는 상사도 없어 일종의 자구책으로 온라인 커뮤니티를 형성한다. 채팅방에서 빈잉 씨처럼 싼값에 오토바이를 구입하기도 한다. 그러나 온라인이든 오프라인이든 사람들이 모이면 크고 작은 시비가 붙기 마련이다. 익명 방이니 오죽할까.

'오러브'로 활동하던 빈영 씨는 오픈 채팅방에서 이런저런 말들을 많이 하는 편이었다. 종종 사람들은 펫러브의 이야기를 '뇌피셜'이라고 비난했다. 사실 플랫폼 노동 정보를 완벽하게 아는 사람은 거의 없다. 정보를 플랫폼 기업이 쥐고 있기 때문이다. 그래서 각자가 아는 만큼, 자기가 느끼는 대로 이야기한다. 이것이 정확한 정보를 갖지 못한 사람들에겐 종종 심기를 건드리는 일이기도 하다. 근거 없는 정보와 소문은 자기가 하는 일에도 피해를 줄 수 있다.

"말끝마다 뇌피셜이라고 하니 저도 화가 많이 나서 다른 분에게 상처를 주는 말을 했어요. 그래서 사람들이 절 싫어하는 것 같아요. 그런데 신경 안 써요. 욕하는 사람은 계속 욕하더라고요."

오랫동안 관계 문제를 고민하던 빈영 씨가 터득한 삶의 요령 같았다.

우버이츠가 한국에서 철수하자 우버이츠와 유사한 쿠팡이츠로 옮겼다. 당시 쿠팡이츠는 시스템을 테스트하기 위해 고정급을 보장하는 라이더를 뽑았다. '쿠팡이츠 테스터'라고 불렸는데, 운 좋게 합격해 일하게 됐다. 혼자 일하는 게 좋고 돈 욕심도 없는 빈영 씨에게 어울리는 일자리 같았다. 플랫폼 기업을 옹호해도 모자랄 판에 왜 라이더유니온에 가입했느냐고 물었다.

"일단 사고의 위험이 있고요. 가장 문제는 평점 문제인 것 같아요. 제 기억으로는 우버이츠 할 때는 평점에 큰 부담감이 없었어요. 그런데도 기분은 좋지 않았어요. 설명하기 힘든데, 우버이츠가 불이익을 줄 것 같지는 않지만 불안한? 그런데 쿠팡이츠의 경우는 업무 위탁이 제한될 수 있다고 딱 적혀 있으니깐, 심리적으로 큰 압박을 주는 게 문제인 거 같아요."

사람들을 만나는 걸 싫어한다던 그는 4월 29일 라이더유니온 총회와 6월 쿠팡 본사 앞 시위에서 마이크를 잡고 당당히 자기 목소리를 냈다. 쿠팡이츠의 별점 시스템이 불합리하고, 배달 제한 시간이 비현실적으로 짧아 사고의 위험이 크다는 것이다. 본인이 비 오는 날 주어진 짧은 배달 시간 때문에 사고가 난 당사자이기도 했다. 자기만의 문제가 아니라고 생각했고, 플랫폼의 갑질을 막고 싶었다. 사람과 함께하는 것보다 개가 더 좋다고 말하지만, 사람을 누구보다도 사랑하는 것 같았다.

빈영 씨의 증언으로 쿠팡이츠는 배달 제한 시간을 없애는 걸 검토 중이다.

# 4

# 개인사업자인가, 근로자인가

배민라이더스와 요기요플러스

**한국 특유의 플랫폼 노동은** 위장된 플랫폼, 즉 계약서상엔 위탁 계약자이지만 실제로는 근로자인 사람들의 노동이다. 이 노동의 유형을 크게 두 가지로 나누어서 살펴볼 예정인데, 먼저 독점적인 음식 중개 플랫폼인 배달의민족과 요기요가 운영하는 배달 대행 서비스를 살펴본다. 그리고 다음 장에서 한국형 프랜차이즈 형 배달 대행 플랫폼을 살펴본다.

배달의민족은 우아한형제들의 서비스 이름이고, 배민라이더스는 자회사인 우아한청년들의 서비스 이름이다. 요기요플러스는 딜리버리히어로가 푸드앤플라이(푸드플라이)를 인수해서 만든 배달 대행 서비스 이름이다. 서류상의 법인 이름과 서비스 이름이 다른데, 소비자들이 매력적으로 느낄 이름을 사용하기 위해서라고 생각하면 된다.

배달의민족이나 요기요의 영업 직원이 음식점에 들러서 자사 프로그램을 설치하라고 설득하면 "배달을 누가 하느냐?"라고 되묻곤 한다. 특히 맛집은 괜히 배달 주문을 받았다가 난폭운전으로 음식 상태가 안 좋아지거나, 늦게 배달해서 음식 맛이 떨어지는 걸 걱정한다. 이때 배달의민족은 자기들이 직접 운영하는 배달 대행사를 써보라고 소개한다. 그게 바로 배민라이더스다. 법적으로 회사는 다르지만, 영업은 배달의민족에서 하는 재밌는 형태다. 이 서비스를 사용하면 업주는 주문 중개와 배달 대행을 한꺼번에 처리하는 대신 16.5퍼센트의 수수료를 낸다. 이게 끝이 아니다. 1.5킬로미터 이내 주문에 지급되는 기본 배달료 2,900원을 추가 부담하는 경우가 많다. 배달의민족 앱에 접속하면 알겠지만, 배달비 0원으로 떠야 상단에 노출되기 때문이다.

라이더는 어떨까? 한국인들이 거의 다 아는 배달의민족과 요기요가 운영하는 배달 서비스이므로 당연히 좋은 환경일 거라고 미루어 짐작한다. 하지만 배민라이더스와 요기요플러스에서 일한 적이 있는 라이더들은 이구동성으로 이렇게 말한다.

"우리는 실험용 쥐였다."

먼저 '근로자 판정'을 받은 요기요플러스 사건을 통해서 도대체 한국의 플랫폼이 노동자를 어떻게 생각하고 있는지 살펴보자.

# 우리는 근로자다

2019년 4월, 플랫폼 노동을 뒤흔들 계약서가 한 장 작성된다. 계약 기간은 8개월. '배송 업무 위탁 계약서'라는 제목의 계약서 '제6조 을의 지위'에는 다음과 같은 의미심장한 문장이 나온다.

'을'은 '갑'의 근로자가 아닌 개인사업자의 지위로서 '갑'에게 종속되지 아니하며, 위탁 계약 업무는 '을'의 재량과 책임하에 수행하되, 본 계약에서 약정한 사항을 성실히 이행할 의무를 부담한다.

쿠팡이츠의 위탁 계약서처럼 '근로자가 아님'을 요기요플러스도 명시하고 싶었던 모양이다. 차이라면 '파트너' 대신 '갑'과 '을'이라는 한국 특유의 단어를 사용한 점이다. '제4조 위탁 계약의 이행 방법'에는 음식의 배송 순서, 배송 시간, 배송을 위한 고객과의 연락 등 배송 업무 수행에 관한 구체적인 내용은 을의 재량과 책임으로 결정한다고 적혀 있다. 이 계약서만 보면 배송 업무 일체를 을인 라이더에게 맡긴 것처럼 보인다.

흥미로운 사실이 하나 더 있다. 요기요플러스는 라이더에게 시간당 11,500원의 고정급을 주기로 약속한다. 라이더의 인사 기록 카드를 보면 '고정급'이라고 적혀 있다. 근무 일수는 5일, 근무 장소는 성북이다. 고정급을 받는다는 이유만으로 근로자라고 보기는 힘들지만, 근무 일수와 근무 장소, 시급, 심지어는 오토바이와 유류비까지 제공하면서 위탁 계약을 맺는 이유를 제3자 입장에서는 이해하기 어렵다.

여기엔 플랫폼 노동이 지닌 한계와 혼란이 있다. 새로운 지역에 배달 대행업체가 사업을 시작한다고 상상해보자. 계약한 음식점은 5개이고, 음식점마다 하루 30건 정도 배달 주문이 들어온다. 하루 150건이면 2명의 라이더로 충분하다. 그런데 사람이 배고픈 시간은 비슷하기 때문에 주문이 특정 시간에 몰리는 게 문제다. 150건 가운데 점심 2시간 동안 50개, 저녁 2시간 동안 50개가 몰린다고 가정하면, 시간당 25개의 배달 주문이 터진다. 아무리 베테랑이더라도 2명이 25건의 배달을 처리할 수는 없다. 즉 주문이 몰리는 시간에는 더 많은 라이더가 필요하다. 그래서 한 시간에 한 명이 5개씩 처리하는 방식으로 5명의 라이더를 고용한다. 점심과 저녁 시간 배달은 안정적으로 처리할 수 있다. 하지만 하루 전체로 보면 150건의 배달을 5명이 나눠서 하므로 한 명이 30건밖에 못한다. 배달 수익이 한 건당 3,000원이라고 하면, 하루 12시간 일해서 10만 원도 안 되는 일당을 버는 셈이다.

게다가 라이더들의 수가 애매하면 배달 대행업체는 새로운 음식점을 늘릴 수 없다. 괜히 음식점 하나를 더 늘렸다가 라이더가 없어 배달을 못 하거나 배달이 늦어지면 음식점이 신뢰를 잃기 때문이다. 다시는 손님들이 요기요플러스 서비스를 이용하지 않을 가능성이 높다. 배달 대행업계에서는 이런 초기 상태를 가장 애매한 순간으로 본다. 라이더를 적게 뽑으면 안정적으로 배달을 빼거나 음식점을 늘릴 수 없고, 라이더의 수익을 보장하기 위해 음식점을 늘렸다가 제대로 배달을 못 하면 기존에 있던 음식점도 빠져나간다. 그래서 배달 대행업체는 초기에 라이더를 '고정급'으로 붙잡아두는 예가 종종 있다. 같은 이유로 요기요플러스도 초기에 시급 11,500원을 라이더에게 보장했다.

고정급을 주는 기업에는 라이더가 돈만 받고 일은 하지 않거나 태업하는 게 가장 걱정이다. 이때 위탁 계약서에 적힌 제4조와 제6조를 어기고 싶은 욕망이 샘솟는다. '개인사업자고 나발이고 내가 너의 시간을 샀으니 내 지시를 받아라.'

실제로 그런 일이 벌어졌다. 요기요플러스는 용산에 사람이 부족하면 성북에서 일하던 라이더를 용산으로 이동시켰다. 식사 시간에는 아예 조를 편성했다. 1시와 2시는 철수와 영희, 2시와 3시는 재덕과 정훈, 3시와 4시는 윤정과 미정 등으로 조를 짜서 공지했다. 당연히 근태 관리와 강제 배차가 이루어졌다. 라이더에게 배송 업무를 자율적으로 결정할 권한은 없었다. 다음은 요기요플러스 박OO 라이더의 증언이다.

"정오나 1시부터 오후 5시까지는 한 명씩 돌아가며 식사하기 때문에 한 명 부족한 인원수로 일한다. 사람의 체력은 한계가 있다. 오늘

50개의 배달을 했다고 내일도 가능하다고 생각하는 사람이 존재한다는 것이 개탄스럽다. 한여름에 잠시도 쉴 틈 없이 빈 차가 되는 순간 강제 배차가 들어오고, 지치다 지쳐 결근자들이 늘어나고, 집중력 저하로 사고자들이 생기면서 점점 출근 인원이 줄어들었다. 이렇게 상황 악화하는 시간이 한 달이 조금 넘어갔다."

다행인지 불행인지 스타트업 기업들은 노동법에 대한 지식이 전무했기 때문에 라이더들이 함께 있는 카톡방에 이런 업무 지시들이 그대로 남아 있었다. 형식은 위탁 계약이지만 실제로는 근로자처럼 부리는 일들이 라이더들의 동의 속에서 한동안 유지됐다. '고정급'이라는 대가 때문이었다. 그런데 2개월 만에 요기요플러스가 근무 조건을 변경했다. 시급 1,000원을 일방적으로 깎아버린 것이다. 역시 카톡으로 공지했다. 이 카톡 공지에는 많은 것이 담겨 있다.


### 공지

미리 언급했던 바와 같이 동대문 성북 지역 세미로 전환될 예정입니다. 다음 주까지는 현재 시급으로 유지, 6/10부터 한 달 동안 테스트 기간을 가질 예정입니다.


### 급여 지급 방식

1. 기본 조건 만족 시 시급 10,500원과 세미 성과 금액 중 계산된 총금액

이 더 높은 급여로 지급(기본 조건~주 5일 이상, 하루 12시간 이상 근무, 주말 필수 근무).

여기서 말하는 '세미'란 시급 5,000원에 배달 한 건당 붙는 성과급의 50퍼센트를 배달 수수료로 지급하는 형태를 말한다. 만약 1시간에 3,000원짜리 배달 한 건을 완료하면, 시급 5,000원에 더해 3,000원의 50퍼센트인 1,500원, 총 6,500원을 받는다. 따라서 최소한 한 시간에 3,000원짜리 배달 4개를 꾸준히 해야 시급 5,000원에 건당 수수료 6,000원이 더해진 11,000원을 받을 수 있다. 종전보다 500원이 삭감된 금액이다. 배달 건수가 이보다 적으면 시급 11,500원을 받는 것보다 훨씬 불리해진다. 선심 쓰듯 시급 10,500원을 보장하겠다고 공지했지만, 종전보다 1,000원이 삭감된 것은 변함없다. 대단히 중요한 변화임에도 불구하고 라이더들의 동의를 구하는 과정은 없었다.

더 중요한 것은 시급 10,500원도 그냥 주지 않는다는 점이다. 주 5일, 하루 12시간, 그것도 주말 이틀을 모두 근무한 경우에만 시급 10,500원을 지급한다. 11,500원을 줄 때도 마찬가지였다. 주휴수당을 인상시키는 제도다. 그런데 시급 10,500원은 최저임금 위반이다. 산수를 해보자.

2019년 최저임금은 8,350원으로, 8시간 일하면 66,800원이다. 8시간 이상 일한 4시간은 인상수당이므로 1.5배를 더해야 한다. 그리면 50,100원이 나온다. 일하기로 한 날 모두 나오면 주휴수당을 지급해야 하므로 13,360원이다(주휴수당은 법정근로시간을 넘을 수 없으므로, 40시간 일한 것으로 보고 계산하면 8시간 분량의 유급 휴일을 준다. 이것을 5일로 나누면 하루치 주휴수당이 나온다). 그러면 하루 일당은 130,260원이다. 요기요플러스가 만약 시급 10,500원으로 계산해서 일당을 지급하면 126,000원으로 최저임금보다 낮다. 요기요플러스는 하루 12시간, 주말 포함 주 5일 동안 고되게 일을 시키면서도 최저임금보다 싼 가격으로 사람을 부렸다. 시급 11,500원을 준다고 하더라도 일당이 138,000원에 불과해 최저임금으로 계산한 일당보다 7,740원 많을 뿐이다. 시간으로 따지면 시간당 600원 정도 더 준 셈이다.

사람들은 라이더들이 돈을 많이 번다고 생각한다. 하지만 라이더들의 노동시간을 고려하면 최저임금과 비슷하거나 최저임금보다 조금 더 벌 뿐이다. 라이더들이 가져가는 높은 수익의 비밀은 '노동시간'에 있다. 게다가 개인사업자라면서 실제로는 출근을 강제하는 시스템을 만들었다. 만약 연차수당과 퇴직금까지 계산하면 요기요플러스는 명백히 최저임금보다 낮은 금액으로 라이더를 사용했다. 많은 플랫폼 기업이 자기들 덕분에 라이더들의 수익이 늘었다고 홍보하는데 대부분은 거짓이다.

위의 '공지'에서 읽어야 할 또 다른 문제가 있다. 바로 테스트 기간이다. 약 한 달 정도 테스트 기간을 가진 뒤 완전히 세미로 전환하겠다는 뜻인데, 이는 일하는 사람들을 심적·경제적으로 불안하게 만든다. 매달 내가 버는 액수를 알 수 없고 소득을 얻는 방식도 바뀐다면 어떻게 삶을 계획할 수 있겠는가. 근로자라면 '취업규칙불이익변경의 금지'의 보호를 받을 수 있겠지만, 플랫폼 노동자는 노동법의 적용을 받지 못 한다. 덕분에 플랫폼 기업은 일하는 사람을 상대로 다양한 실험을 할 수 있다.

요기요플러스는 워낙 명확하게 지휘·감독한 증거들이 있었기 때문에, 노동청에 진정을 제기한 노동자 5명은 근로자 판정을 받았다. 하지만 고용노동부는 근로자는 맞으나 체불임금은 없다는 황당한 판단을 내렸다. 사측의 주장을 적극적으로 수용한 결과였다. 주 5일, 11,500원의 시급을 주기로 약속했는데도 노동청은 9,200원을 시급으로 계산했다. 요기요플러스는 주 5일 출근하지 않으면 9,200원을 기준으로 임금을 지급해왔다. 일종의 벌금이었다. 고용노동부는 이것을 벌금이 아니라 기본 시급으로 계산한 것이다.

한발 양보해서 9,200원을 시급으로 인정한다고 하더라도 문제는 있다. 9,200원 시급을 기준으로 12시간 노동을 계산하면 143,520원이다. 8시간까지는 73,600원, 8시간 이후 4시간은 연장수당을 포함해 55,200원, 주휴수당 14,720원이다. 그런데 사측은 휴게시간을 무급으로 계산해야 한다는 치졸한 주장을 폈다. 원래는 유급으로 휴게시간을 부여했는데, 근로자로 주장하면 무급으로 계산해야 한다는 것이다. 황당하게도 고용노동부는 이 주장을 받아들였다. 고용노동부가 요기요플러스 배달 라이더를 근로자로 봤다면, 이와 같은 근무 조건의 불이익한 변경은 무효라고 해석해야 한다. 그런데 무리하게도 사측의 모든 주장을 받아들였다.

근로감독관은 특별사법경찰관이다. 범죄 행위를 인지했다면 수사를 하는 것이 의무다. 하지만 고용노동부는 근로자 판단 이후 이어져야 할 근로계약서 미작성과 취업 규칙 미작성, 근무 조건의 불이익한 변경 등에 대해서 아무런 판단을 하지 않았다. 오히려 라이더유니온이 기자 회견을 열자, 보도 자료를 내서 진정을 낸 5명에게만 해당하는 판정이라고 선을 그었다. 비슷하게 운영되는 배달 산업의 위법 행위를 조사해야 할 의무가 있는 고용노동부가 오히려 사태를 진화하는 태도를 보였다.

라이더유니온은 고용노동부 결과를 갖고 2019년 11월 6일에 '플랫폼 라이더는 근로자다'라는 기자 회견을 열고 딜리버리히어로 쪽에 공문을 전달했다. 그러자 재미있는 일이 벌어졌다. 라이더유니온 위원장인 내가 요기요 대외협력팀장에게 대화 요청서를 전달하려고 하자 홍보팀 여러 명이 "우리 직원만!"이라고 외쳤다. 노조 대표인 나 말고 요기요플러스 소속 라이더가 전달하라는 것이었다. 노동조합을 대화의 상대로 인정하고 싶지 않았기 때문이다. 수십 명의 기자가 지켜보고 있었지만, 홍보팀 직원들은 개의치 않았다. 스타트업 기업은 혁신을 이야기하지만 '노조는 안 돼'라는 구시대적이고 반노동적인 사고를 하고 있었다.


## 로그인은 노동일까


라이더들이 노동청에 요기요플러스를 진정한 이후에도 회사는 더욱 과감한 조치를 취했다. "금일부터 오더가 있는 상황인데도 불구하고 오더 진행하지 않을 경우 시급이 차감될 예정입니다. 오픈 시간, 마감 시간 또한 포함이니 참고해서 오더 진행해주세요." 기본급으로 제공하던 5,000원마저 보장하지 않겠다는 내용인데, 역시 일방적인 공지였다. 당시 일하던 라이더유니온 조합원 K의 라이더 수수료 지급 명세서를 살펴보면, "일 약정 시간 12시간, 주 배송일 6일"이라고 기록되어 있다. 그렇다면 주 72시간(형식상 위탁 계약이기 때문에 노동법상 근로 시간의 규제를 받지 않는다) 기준으로 시급 5,000원을 지급해야 한다. 그런데 고작 48시간을 기준으로 시급을 지급했다. 그럼 이 라이더는 실제로 일하지 않았을까?

전부콜의 특성상 콜이 별로 없는 상황에서 다른 사람이 오더를 먼저 잡으면 배달 일을 할 수가 없다. 특히나 요기요플러스가 애초에 배달 라이더에게 고정급 11,500원을 제안한 이유는 성북 지역의 콜이 별로 없기 때문이었다. 실제로 조합원 K는 오전 10~12시와 오후 8시부터는 콜이 거의 없어 시급이 차감될 수밖에 없는 상황이라고 증언했다. 계속해서 일하려면 성북에 있는 라이더가 성북구, 동대문구를 가리지 않고 배달이 뜨기만 하면 잡아야 한다. 음식점 픽업 거리만 수 킬로미터에 달한다.

여기에 플랫폼 노동의 근원적 문제가 있다. 로그인한 상태, 곧 대기 시간은 노동시간일까, 아닐까? 콜이 언제 뜰지 모르는 긴장 속에서 스마트폰에 눈을 떼지 않고 있는 그 상태는 일한 것일까, 안 한 것일까? 이는 노동자의 대기 시간을 노동시간으로 볼 것인가, 말 것인가의 문제와도 연결된다. 오후 3시 식당 문을 열었을 때 밥을 먹고 있던 식당 노동자들이 황급히 응대하러 달려오는 그 불편한 상황을 떠올려보라. 근로기준법에서는 사용자의 지휘·감독 아래 있다면 이 식당 노동자들의 노동시간을 인정해야 한다고 본다.

근로자라면 일과 휴식의 구분이 쉽지만, 로그인이 필수인 플랫폼 노동에서는 노동과 쉼의 구분이 너무나 어렵다. 로그인하고 라이더가 일을 안 하면, 기업은 놀고 있다고 생각할 것이다. 반면 라이더는 위탁 계약서를 써놓고 왜 업무 지시를 하느냐고 회사에 되물을 수 있다. 그런데 여기에 고정급이 끼어들면서 새로운 이슈가 만들어졌다. 시간당 5,000원은 로그인의 대가일까, 실제 노동의 대가일까? 라이더를 근로자로 활용하면서도 근로기준법상 책임을 지고 싶지 않다는 고루한 욕망의 표현일까?

　이와 비슷한 이슈가 하나 더 터졌다. 요기요플러스가 복날에 치킨 쿠폰을 마구 뿌리자 서버가 다운됐다. 요기요플러스는 서버가 터지면서 일하지 못 한 시간에 대한 보상을 시급 7,500원으로 계산해서 지급했다. 근로자라면 이런 경우 명확한 기준이 있다. 근로기준법 제46조에는 "사용자의 귀책 사유로 휴업하는 경우에 사용자는 휴업 기간 동안 그 근로자에게 평균임금의 100분의 70 이상의 수당을 지급하여야 한다"라고 명시한다. 사용자는 일거리 제공 대가로 배타적으로 노동력을 사용할 수 있는 계약을 맺었는데 사용자가 이를 어겼으므로 휴업에 대해 손해배상하는 것이다. 근로자에게 임금은 생존과 연결되어 있기 때문이다. 서버 다운은 디지털 세계가 일터인 플랫폼 노동자가 겪어야 하는 새로운 디지털 휴업이라고 할 수 있다.

　요기요플러스 라이더는 전체 배달 시장에서 보면 그 숫자가 미미하다. 약 250여 명. 그러나 여기서 발생한 이슈들은 플랫폼 노동자의 노동자성 문제를 세상에 던졌다. 그리고 이는 몇 가지 효과를 낳았다. 이 정보를 접한 라이더들의 각성, 경제 신문들의 분노, 관련 업계의 변화다. 배민라이더스는 업게 일등답게 발 빠르게 움직였다.

　'플랫폼 라이더는 근로자다'라는 기사 회견을 한 2019년 11월 6일 저녁, 배민 라이더들은 혼란에 빠졌다. 배달 주문을 관리하는 배민스테이션의 매니저들이 인라이 안 된다는 제보가 들어왔다. 한창 바쁜

시간에 잘못된 주문 등에 대한 안내나 처리를 하지 않았다. 그 시간에 우연히 강남 스테이션에 들른 배민 라이더는 나에게 이렇게 증언했다.

"모든 매니저가 모여서 회의 같은 걸 하고 있더라고요. 아무래도 요기요 근로자 판정 때문인 것 같아요."

그 라이더는 내게 매니저들이 공지와 업무 지시를 한 단체 라인방을 보여주면서 공지 내용을 모두 삭제하고 있다고 말했다. 약속이나 한 것처럼 그날 이후 매니저들의 공지와 업무 지시는 사라졌다. 한 라이더가 질문을 올려도 답이 없었다. 라인방을 폭파하기도 했다. 다른 라이더들의 증언이 이어졌다.

"이제 라인으로 안 하고 전화로 해요. 증거 안 남게."

"계약서를 싹 다 다시 쓴대요. 문제 안 되게. 도대체 계약서를 몇 번 바꾸는 건지."

라이더를 위하는 기업, 혁신의 아이콘인 배민라이더스에 도대체 무슨 일이 벌어지고 있는 걸까?

# 배민라이더스의 페널티 제도

배민라이더스는 더위에 폭염수당 500원을 지급하고 한파에도 추가 할증과 라이더 보호를 위한 용품을 지급하는 등 라이더를 위하는 기업으로 잘 알려져 있다. 초기에는 무상으로 오토바이를 대여하기도 했는데, 보험료가 오르자 주 단위로 약 83,300원 정도의 임대료를 받았다. 다른 동네 배달 대행사에 비해 좋은 근무 조건이다. 회사도 이를 잘 알고 있다. 그래서 외부에서 자기가 얼마나 라이더를 위하는 회사인지를 자랑한다. 배민라이더스의 관계자들이나 회사가 소개한 라이더들과 이야기를 나눠보면 당연히 아무런 문제가 없는 사업장처럼 보인다. 그러나 이곳에서 가장 원시적인 형태의 제재가 가해지고 있었다. 바로 '벌금제'다. 첫 제보는 광주에서 일하는 조합원의 증언이었다.

"정말 황당한데, 광주에서는 사고가 나면 보너스로 주기로 했던 것을 무효로 하고 두 번 나면 해고한다네요. 그리고 페널티 제도라고 300원씩 까요."

배민라이더스는 2019년 여름, 라이더를 모집하기 위해 입사 4주 안에 200건 이상의 배달을 하면 100만 원의 보너스를, 그다음 4주 안에 또 200건 이상을 하면 100만 원의 보너스를 주는 프로모션을 진행했다. 8주 일하면 총 200만 원의 보너스를 지급하는 것이다. 그런데 이때 사고가 나면 보너스를 못 받는다. 라이더의 잘잘못은 따지지 않는다. 라이더의 잘못이 없어도 사고가 나면 무조건 프로모션 조건이 사라진다. 프로모션 때문에 무리하게 운전하는 것을 막기 위한 고육지책이라고 생각한다면 충분히 이해하고 넘어갈 수 있다. 그러나 두 번 사고가 나면 계약을 해지한다는 것은 이해하기 힘들다. 사고 난 것도 서러운데 해고까지 당하면 얼마나 억울할까. 하지만 이때까지만 하더라도 배민라이더스에 좋은 이미지가 있었기 때문에 사고 예방을 위한 조치라고 생각하고 넘어갔다. 오히려 이해하기 힘든 것은 페널티 제도였다.

★ ★ ★ ★ ★ ★ ★ ★ ★ ★ **중요 공지** ★ ★ ★ ★ ★ ★ ★ ★ ★ ★

지각, 무단결근, 무단 조퇴, 무단 업무 불이행에 대하여

단 1회라도 페널티를 적용하고 있습니다.

★ ★ ★ ★ ★ ★ ★ ★ ★ ★ ★ ★ ★ ★ ★ ★ ★ ★ ★ ★ ★ ★ ★ ★ ★

**페널티**

- **적용일** 랜덤

- **금액** 근무 건당 300원씩 차감

- **지각** 본인 근무 시간에 1분이라도 늦게 브로스 켜셨다면 지각!

- **무단 조퇴** 임의적으로 브로스 off 하시고 본인 일 보신 경우! / 근무지

에서 무단 이탈하신 경우!

- **무단결근** 스케줄 잡으신 근무일이었으나 사전 고지 없이 출근 안 하신 경우! / 브로스 켜시고 근무 수행 안 하신 경우나 2~3건만 치신 경우!

하늘의 별을 보는 건 즐겁지만, 회사의 중요 공지에서 별 46개를 보는 건 매우 부담스럽다. 브로스는 라이더들이 일할 때 사용하는 앱 프로그램의 이름이다. 브로스를 켠다는 말은 로그인해서 일을 시작한다는 뜻이다.

페널티 공지를 보고 '배민라이더스와 근로계약서를 쓴 직고용 라이더에 한정한 공지가 아닐까?'라고 생각했다. 라이더유니온에서도 배민라이더스에 대한 믿음이 꽤 강했다. 그런데 직고용 라이더라 하더라도 1분 지각에 300원을 삭감하려면 시급이 18,000원(60분×300원)은 되어야 한다. 일하지 않은 시간만큼 임금을 빼는 건 가능하나, 지각했다고 일한 시간보다 적게 임금을 주는 건 불법이기 때문이다. 만약 최저임금 8,350원을 받는다면, 1분 지각에 139.16원을 빼야 한다.

그러나 이 공지는 모든 라이더를 대상으로 한 것이었다. 심지어 위탁 계약서에 공지 내용이 그대로 적혀 있었다. 카톡으로 하는 임의 조치가 아니라 서면 계약 조항이었다. 플랫폼 기업이 그렇게 강조한 '우리 라이더들은 근로자가 아니라 개인사업자예요'라는 주장을 정면으로 부정하는 계약이다. 개인사업자에게는 출퇴근 시간이 없기 때문에 지각 자체가 성립할 수 없다. 무단 조퇴, 무단결근, 근무지 이탈이라는 말 자체가 성립하지 않는다. 늦게 나와서 일을 못 한다면 개인사업자가 손해 보면 그만이다. 강제로 출퇴근을 지시하는 것도 문제인데, 배민라이더스는 상상을 초월해 벌금을 매겼다.

이 공지에는 매우 혁신적인 지휘·감독 내용이 들어 있다. 한 시간에 1~2건만 배달하면 벌금을 매기겠다는 것이다. 신호를 완벽하게 지키면 한 시간에 3건 배달도 쉽지 않다. 그런데 배민라이더스는 사고를 일으킨 라이더를 퇴사시키겠다고 경고했다. 한 시간에 3건 이상의 배달을 못 하면 벌금이고, 신호를 위반하면서 무리하게 배달하면 퇴사이니 진퇴양난이 따로 없다. 이 공지의 압권은 마지막에 있다.

여러분들의 사유 없는 불량 근태는 생각하기에 따라 아주 이기적인 행동으로 비쳐질 수 있습니다. 이 점 충분히 인식하시어 근태 불량 사유가 있으셨던 분들은 개선 요청 부탁드립니다.

2019년 10월 14일 배민라이더들이 자발적으로 모여 회사에 전달하고 싶은 요구 사항을 정리해서 라이더유니온에 보냈다. 여기에도 페널티 제도에 대한 이야기가 있다.

현재 너무 많은 라이더와 커넥트로 인해 피크 외 시간은 물론 피크 시간에도 콜을 잡기 힘든 조건이다. 배민은 이런 조건을 무시한 채 근무지 이탈 또는 한 시간 이상 콜을 잡지 않을 경우 페널티를 부과하고 있다. 배민 측이 이런 페널티 규정을 유지하길 원한다면, 콜이 있으나 볼 수도 없는 현 상황에서 일하고 싶어도 할 수 없는 수많은 라이더에게 최저임금을 보장해야 한다. 아니면 부당한 페널티 제도를 변경하라.

배민라이더스의 페널티 제도는 2019년 11월 6일 기자 회견 이후 폐지됐다. 배민라이더스 관계자도 이 문제를 인정하고 시정하겠다고 약속했다. 무시로 일관하는 쿠팡이츠에 비하면 그래도 말이 통하는 기업이다. 그러나 사과하고 약속한다고 이 문제가 해결될 리 없다. 이것은 플랫폼 노동의 근본적 딜레마이기 때문이다.

## 라이더 수가 부족하다

2019년 여름, 배달 대행 일을 끝내고 집에 들어갈 때면 꼭 우리 동네 맛집인 팥빙수 가게에 들르곤 했다. 얼굴이 익고 친해지자 사장이 배달 대행을 사용하려면 비용이 얼마나 드는지, 제대로 배달은 되는지 물었다. 나는 비록 기사이지만 내가 속한 배달 대행사도 잘됐으면 하는 마음에서 우리 업체랑 계약하시면 잘 배달해드리겠다고 열심히 설명했다. 경청하던 사장은 마지막에 아들의 이야기를 꺼냈다.

"우리 아들이 다른 곳에서 배달 일을 하는데 팥빙수 배달하지 말라고 하더라고."

배달하다 보면 품질이 떨어져 가게 이미지가 안 좋아진다는 걱정이다. 일리 있는 말이다.

배달의민족은 이런 걱정을 하는 맛집 사장들을 자신이 직접 운영하는 배민라이더스로 설득했다. 그런데 배민 라이더들이 제대로 배달을 못한다면 업주들의 컴플레인이 넘쳐날 것이다. 따라서 배달을 관리하는 관제 매니저는 배달의 질을 유지하기 위해 머리가 터진다. 매니저가 받는 스트레스는 라이더에 대한 무례한 태도로 이어진다.

"싫으시면 나가라."

"이거 같이 갈 수 있는데 왜 같이 안 가요? 핑계가 많이 느셨네."

물론 라이더의 비위를 맞추기 위해 애원하는 매니저도 있다. 플랫폼 기업은 자신이 고용하지 않아서 발생하는 플랫폼 노동의 딜레마를 관리직의 감정노동이라는 값싼 가격으로 해결하고 있다.

라이더유니온의 문제 제기로 페널티 제도와 강제 배차, 무리한 업무 지시 등이 사라졌다. 하지만 디지털과 달리 사람 세계는 쉽게 바뀌지 않는다. 인간관계에 따라 부탁과 수락 등이 이루어지고, 부탁을 거절하지 못하는 라이더는 무리한 운행을 감행하기도 한다. "제가 왜요? 위탁 계약서라면서요?"라고 문제 제기하는 라이더에게 다시는 전화하지 않지만, "아무도 없으면 제가 가야죠"라고 대답하는 라이더에겐 계속 전화하기 마련이다. 깊이가 있는 인간관계라는 스몰데이터의 힘은 애매한 영역에서 힘을 발휘한다. 이 과정에서 발생하는 감정의 파장들은 수수료로 지급되지도, 빅데이터에 저장되지도 않는다. 각자의 가슴속에 깊은 상흔으로 간직될 뿐이다.

배민라이더스의 본사 직원들은 플랫폼 노동의 이와 같은 불안정성을 '라이더 수가 부족하다'는 말로 설명한다. 필요할 때 배달원들이 자기 마음대로 움직이지 않기 때문이다. 사람들은 의아하게 생각할 테다. 도로에 라이더들이 이렇게 많은데 라이더 수가 부족하다니? 배민 라이더들에게 "배민은 라이더가 부족하다고 하는데요?"라고 말했더니 정말 황당하다는 반응을 보였다. 배민 라이더들은 오히려 라이더가 많아서 수익이 낮아진다고 말했다. 배민라이더스는 플랫폼 노동의 딜레마를 배민커넥트라는 우버이츠 형 플랫폼 노동으로 해결하는 중이다.


## 플랫폼 노동의 새로운 딜레마


배민라이더스는 안정된 배달 서비스를 제공하기 위해 전업으로 일하는 '라이더스'라는 이름의 라이더를 모집했고, 순간순간 급증하는 배달 수요에 대응하기 위해 부업으로 일하는 '배민커넥터'라는 이름의 라이더를 따로 모집했다. 그런데 회사의 이 같은 구분은 말이 안된다. 첫째, 라이더스나 배민커넥터나 출퇴근 지휘를 하지 않는다. 일하고 싶을 때 일하는 건 똑같다. 둘째, 라이더스 중에서도 주 3일, 또는 주 2일 일하는 라이더들이 있다. 내가 주말 저녁에만 일하는 라이더스였다. 배민커넥터와 일하는 시간이나 형태에서 어떤 차이도 없었다. 둘 다 비정규직, 특수형태근로종사자에 플랫폼 노동자다. 오히려 이런 구분이 서로 간의 적대를 키웠다.

2019년 7월, 배민커넥터를 모집하면서 회사는 한 가지 실험을 했다. 배민커넥터는 '일반인'이므로 전업 라이더인 '라이더스'와 같은 조건에서 전투콜을 수행하면 불리하다고 판단했다. 그래서 배민커넥터로 새로 들어온 라이더에게 15초 먼저 배달 콜을 볼 수 있도록 조치했다. 라이더스는 15초 동안 배민커넥터가 가져가고 남은 배달을 처리하는 신세가 됐다. 요금제도 달랐다. 일명 6.5k라고 불리는 프로모션이 일부 라이더에게 주어졌다. 한 건당 6,500원. 기존 라이더들은 5,000원을 받았다. 자연스럽게 라이더들 사이의 갈등이 심해졌다. 그 와중에 배민커넥터 중 일부가 라인방에 자기가 올린 수익을 인증하는 사진을 올렸다. 라이더스를 약 올리고 화나게 하는 행위였다. 라인방은 라이더들을 관리하기 위해 매니저가 만든 방인데, 이 사건 이후로 몇몇 방이 폐쇄됐다. 게다가 한동안 라이더들은 배민커넥터와 라이더스의 근무 조건에 차이가 있는지 몰랐다. 라이더스들은 콜이 급감한 이유를 이상하게 여길 따름이었다.

이는 라이더가 앱의 알고리즘에 따라 디지털과 1:1로 관계를 맺고 일하기 때문에 발생한다. 만약 인간 관리자라면 기존 라이더에게 차별적인 지시를 할 때 사람 냄새를 풍기게 되어 있다. 사람과 달리 앱은 일그러진 표정, 격앙된 어조, 적절하지 않은 단어와 욕설, 말실수 등을 하지 않는다. 애플리케이션에는 표정이 없다.

그래서 배민라이더스 라이더들은 소통에 대한 욕구가 매우 크다. 그들이 만든 요구 사항 중에는 UB(챗봇) 인원을 확충하라는 내용이 있다. 주소가 잘못되었거나 손님이 부재하는 등 배달 중에는 많은 돌발 상황이 발생한다. 이때 챗봇을 통해 소통하는데, 이게 너무 느리고 답답해서 1분 1초가 아까운 라이더들이 화가 났다. 일하는 사람들은 본능적으로 안다. 로봇과 대화를 하지만 로봇 뒤에 사람이 있다는 사실을! 라이더들은 소통을 원했다.

이 답답함은 12월 4일 절정에 달했다. 배민라이더스가 배달료 체계를 또다시 바꾸면서 주문 수, 라이더 수, 날씨 등에 따라 탄력적으로 프로모션을 제공하겠다고 역시 일방적으로 공지했다. 새로운 배달료 시스템을 도입하기 위해서는 주문 양에 따라 몇 명 정도의 라이더가 필요한지 알아야 한다. 그래야 라이더가 적은지 많은지 판단할수 있다. 그동안 1시간에 배달 100개를 처리하는 데 10명의 라이더가 충분하다는 데이터가 있다고 치자. 이때 라이더 15명이 로그인하면 라이더가 많은 것이고, 8명이 로그인하면 적은 것이다. 라이더가 많으면 프로모션을 없애고, 적으면 프로모션을 늘리면 된다. 날씨에 따라 접속하는 라이더 수의 변동, 속도의 변동도 데이터화되어 있다면 알고리즘으로 만들 수 있다. 이 데이터를 만들어준 주체는 사실 라이더들이다. 그런데 이 데이터를 바탕으로 만든 알고리즘이 라이더들을 통제하는 아이러니한 상황이 벌어졌다.

중요한 것은 이 데이터가 현실에서 일어나는 인간의 속도와 숫자가 아니라, 데이터화된 속도와 숫자라는 점이다. 가령 다음이나 네이버에서 제공하는 내비게이션에 나온 도착 예정 시간이 15분인 곳을 배민 라이더가 신호 위반과 과속, 자기만이 아는 지름길과 골목길을 통해서 7분 30초 만에 도달했다고 치자. 그렇다면 실제로는 10명이 아니라 20명쯤 필요한 일을, 초인적인 노동을 하는 배민 라이더 10명이면 충분하다는 데이터로 뽑아낼 수 있다. 그리고 이렇게 데이터화·알고리즘화된 노동은 객관적이고 과학적이며 중립적이라는 환상을 만든다. 손님이 앱을 통해 받은 깔끔하고 세련되며 과학적일 것 같은 배달 안내 시간 60분에는 라이더의 악착같은 시간, 아수라장의 시간이 숨어 있다.

당연히 이 알고리즘이 합리적인지 평범한 라이더는 검증할 수 없다. 회사 측도 이게 정말로 괜찮은 시스템인지 확인하기 어렵다. 돌려

봐야 안다. 많이 돌려보고 데이터를 축적하면 할수록 서비스는 나아진다. 게다가 배달이 덜 발전한 나라로의 진출을 노린다면, 배달에 최적화된 한국에서의 끊임없는 실험은 합리적인 경영 전략이다. 그래서 배민라이더스 라이더들이 자신을 "실험용 쥐"라고 부르는 것이다. 라이더들은 다음 달에 배달 시스템이 어떻게 바뀔지 알 도리가 없다.

여기서 우리는 플랫폼 노동의 새로운 딜레마를 발견한다. 극단적 경쟁을 유발하는 건당 수수료, 그때그때 바뀌는 프로모션 등은 일하는 사람들 간의 불화를 만든다. 그리고 이것은 업무 의욕 저하와 회사에 대한 불신으로 이어진다. 회사가 라이더를 이런 식으로 다룬다면 라이더 역시 회사를 그야말로 플랫폼, 즉 지나가는 정거장 정도로 여길 수밖에 없다. 라이더는 15초 먼저 보여주고 6,500원 보너스를 주는 시기에 빨리 입사했다가, 보너스가 사라지면 떠나는 게 상책이다. 마치 주식시장의 단타족처럼 치고 빠지는 것이다. 회사는 이를 두고 라이더들이 돈만 좇는다고 비난한다. 그러나 이런 행동을 조장하는 주체가 바로 플랫폼 기업 자신이라는 사실을 알아야 한다.

2020년 여름 배민커넥터의 숫자는 4만 명을 넘어섰다. 라이더스는 2,400여 명 정도다. 라이더스는 늘어나는 배민커넥터를 자기의 일감을 뺏어가는 경쟁자라고 생각한다. '우리를 버리는 것 아닌가?'라는 불안도 있다. 한편 배민커넥터는 2019년 12월 20일 배달 건당 수수료를 300원으로 올린다는 문자를 받았다가 5분도 채 안 돼서 잘못된 공지라는 문자를 받기도 했다. 돈이 문제가 아니라 언제든지 내 근무 조건이 문자 한 통으로 바뀔 수 있다는 사실에 핸드폰처럼 몸을 떨었다.

실제로 배민커넥터든 라이더스든 배민라이더스 라이더들의 근무 조건은 시시각각 변했다. 합병 발표 전이던 2019년 9월에는 최소 배달료 6,000원으로 라이더들을 공격적으로 모집했다. 그러다 11월 6일부터 12월 3일까지는 4,500원으로, 12월 4일부터는 기본 배달료 3,000원에 500~2,000원의 프로모션을 매일매일 변동해서 지급했다. 합병 발표 후인 올 2월 1일부터는 3,000원으로 배달료를 삭감했다. 불과 5개월 사이에 벌어진 변화다. 2020년 여름에는 코로나19와 장마로 배달 양이 늘자 다시 공격적인 프로모션을 제공하고 있다.

라이더들 간의 갈등이 단순히 배달료 때문에 발생한 것은 아니다. 배달료뿐 아니라 오토바이 임대료, 배달 개수 등이 기존 라이더, 배민커넥터, 신규 라이더 사이에 모두 달랐다. 그 결과 라이더들 사이에 위화감이 커지고 갈등이 생겼다. 단결은커녕 원수가 되지 않은 것만도 다행으로 보인다.

배민라이더스는 이 갈등을 잘 활용했다. 배민커넥터에 대한 우대 정책으로 라이더스의 불만이 고조되자 배민커넥터에게 20시간 근무 제한을 일방적으로 발표했다. 라이더유니온이 매일 바뀌는 프로모션에 문제를 제기하자 회사는 프로모션을 없애버렸다. 일부 라이더들은 라이더유니온이 설쳐서 근무 조건이 불리하게 바뀌었다고 공격하기도 했다. 라이더들은 출근하는 공장도, 함께 밥을 먹는 식당도 없기 때문에 노조가 이에 관해 해명하는 전단 한 장 뿌릴 수 없다. 비정규직과 정규직 간 갈등을 악용해 노조를 탄압했던 대기업들이 한 수 배워야 할 판이다.

배민라이더스가 발표한 배민커넥터의 20시간 근무 제한은 사실 별다른 근거가 있는 조치가 아니다. 20시간에 어떠한 과학적 근거가 있겠는가? 배민커넥터로 일하기 위해서는 유상종합보험에 가입해야 한다. 오로지 일하기 위해 보험료만 연간 300만~400만 원을 납부하고 오토바이를 산 라이더들은 20시간 제한(사실은 19시간이고, 나머지 1시간은 오배송 등을 대비해 마련한 여유 시간)으로 큰 손해를 입었다. 전업으로 일하기 위해 전동퀵보드나 자전거를 구입한 라이더들도 마찬가지로 손해다. 이는 사업자 간 계약이라 하더라도 문제가 된다.

라이더스라고 안심할 상황은 아니다. 배민라이더스는 쿠팡이츠처럼 알고리즘으로 라이더에게 배달을 배정하는 시스템을 도입하기 위한 실험을 벌이고 있다. 이 실험에 참여한 라이더에겐 프로모션을 준다. 배달 일감도 알고리즘 시스템에 참여한 라이더에게 우선 배치하며, 나머지를 알고리즘 시스템을 이용하지 않는 라이더에게 보여준다. 자연스럽게 라이더들은 알고리즘 시스템을 선택하게 된다. 이 다종다양한 실험의 결과는 곧 한국의 라이더들뿐만 아니라 아시아 시장으로 진출한 배민의 라이더들에게도 적용될 것이다.

라이더스 가운데 일부는 자기들은 정규직이고 배민커넥터는 비정규직이기 때문에 라이더스 위주로 운영되어야 한다고 주장하기도 한다. 그러나 회사에는 둘 다 노동법의 규제를 받지 않고 마음대로 일을 시킬 수 있는 플랫폼 노동자일 뿐이다.

급작스러운 근무 조건의 변화가 회사에 항상 좋은 건 아니다. 라이더는 일하면서 근무 조건이 어떻게 바뀔지 알 수 없는 상황에 반복적으로 노출된다. 정보 부족과 예측 불가능성은 사람들을 불안하게 만들고 회사에 대한 소속감과 애정을 떨어뜨린다. 이는 플랫폼 노동의 질을 떨어뜨리는 효과를 낳는다. 플랫폼 노동의 질을 유지하기 위해서는 실험 때마다 비상식적인 금액의 프로모션을 제공해야 한다. 이것이 과연 효과적이고 지속 가능한 방식일까? 물론 지속 가능하지 않다는 판단이 들면 사업을 접으면 그만이다. 다만 플랫폼 기업이든 기존의 기업이든 사업을 철수할 때 노조 핑계를 대는 건 똑같을 것이다.

# 배달 경력 30년, 덕재 씨의 정치[5]

1987년 시청 광장에서 수많은 대학생과 시민이 민주화 시위를 벌일 때, 15살 소년 덕재(가명) 씨는 MX 오토바이에 탄 동네 형의 모습에 열광하고 있었다. 쟁취해야 할 것이 있다면 오토바이였고, 영웅이 있다면 오토바이 탄 형이었다.

몇 년 뒤 오토바이 면허를 따고 고등학교 1학년 여름방학 때부터 중국집 배달 알바를 시작했다. 장밋빛 미래를 기대했지만, 결과는 좋지 않았다. 덕재 씨는 일을 시작한 지 얼마 되지 않아 사고를 당했다. 사장은 임금을 용돈 조로 주고 있었는데, 사고가 나자 수리비가 임금보다 더 많이 나갔다며 그 '용돈'마저 주지 않았다.

20대 때는 가스통 알바를 했다. 수입이 꽤 짭짤했는데 그만큼 위험했다. 또 사고가 났다. 중앙선을 넘어온 차에 치여서 몸이 공중에 떴고, 그 길로 인을 집었다. 오토바이를 사랑하던 그도 사고는 두려웠다. 가스집 사장도 중국집 사장처럼 임금을 용돈처럼 줬고, 각종 벌금을 매겨 도로 가져갔다.

10대와 20대에 덕재 씨는 플랫폼 기업들이 극복하겠다고 말한 한국의 음성화된 배달 시장에서 인생의 쓴맛을 맛봤다. 그렇다고 어디 하소연할 곳도 없었다. 이때의 경험이 그에게 노동법 책을 펴게 했다. 30년 뒤 그는 플랫폼 기업에 큰 시련을 안겨줄 터였다.

## 20년 전의 덕재 씨가 아니었다

오토바이에 다시 오르는 게 무서웠지만, 목구멍이 포도청이었다. 다시 불안한 두 바퀴 위에 올랐다. 이번엔 퀵서비스 기사로 변신했다. 배달 인생에서 1990년대는 전환의 시대였다. 최초의 전자 플랫폼이 등장했다. 바로 삐삐와 무전기다. 예전에는 물건 배달을 하고 퀵서비스 사무실에 꼬박꼬박 들어가서 다음 주문을 접수·처리했다. 그런데 주문을 삐삐로 받기 시작하면서 배달 판도가 달라졌다. 사무실에 들어갈 필요 없이 삐삐가 울리면 근처에 있는 공중전화로 주문을 확인한 뒤 배달할 수 있었다. 얼마 안 지나 삐삐보다 혁신적인 무전기가 나왔다. 사무실에선 무전기로 수유-강남, 마포-강서 등으로 콜을 불렀고, 무전기에 먼저 대답한 라이더가 콜을 잡았다. 기사들은 뒤처지지 않기 위해 무전기를 샀다. 최초의 전투콜이었다.

1990년대에 무전기를 들고 다니던 대한민국 배달원들은 2019년

엔 보다 빠르게 콜을 보기 위해 무전기가 아니라 5G폰을 개통하고 있다. 발달한 기계와 기술이 세상을 편리하게 바꾸는 듯했다. 하지만 주변 동료들이 하나둘 보이지 않기 시작했다. 1990년대에도 라이더들은 사고로 목숨을 잃었고, 개인사업자라는 말을 들었다.

30대 중반엔 안경 렌즈 배달하는 일을 시작했는데, 전에 떼지 않던 3.3퍼센트를 떼고 월급을 주기 시작했다. 3.3퍼센트는 개인사업자에게 매기는 세금이었다. 월급을 주면서 개인사업자라고 하는 게 이상했다. 이 고민은 6년 동안 계속됐고, 퇴사하면서 퇴직금 이야기를 꺼냈다. 사장은 20년 전 중국집 사장처럼 말도 안 된다며 펄쩍 뛰었다. 하지만 덕재 씨는 20년 전의 덕재 씨가 아니었다. 노동법을 뒤졌고, 노동청에 진정했다. 덕재 씨가 나서니 동료들이 뒤따랐다. 그때 체당금이라는 게 무엇인지 알았다. 사장은 돈이 없다고 버텼다. 덕재 씨는 무료법률구조공단이 있다는 걸 알고, 변호사의 도움으로 사장의 재산을 압류할 수 있다는 걸 알게 되었다. 시대뿐만 아니라 그도 달라져 있었다.

40대 때는 용산에서 컴퓨터 부품을 배달하다가 부당 해고를 당했다. 자기가 해고당했을 때는 참고 넘어갔다. 한 달 뒤 같이 일하던 동료도 해고당했다. 다른 느낌이었다. 내가 아닌 다른 사람의 문제를 해결하고 싶었다. 부당해고구제신청이 있다는 사실을 알았고, 노동청과 다른 노동위원회가 있다는 사실을 알았다. 동료들과 함께 돈을 모아 노무사를 고용해 부당해고구제신청에서 승리했다. 자기 권리를 찾았지만 뭔가 허전했다. 사장들은 문제를 제기한 노동자에게만 퇴직금을 주거나 부당 해고를 철회했다. 법을 통해 싸우고 이기는 법을 알았지만, 삶의 현장에서 끝까지 살아남는 것은 또 다른 문제였다. 법은 사건을 해결해주지만 삶을 해결해주지는 못했다.

## 계약서엔 사장, 일 시킬 땐 근로자

10대 때 중국집 배달 일을 하던 덕재 씨는 이제 중년이 되었다. 그는 한국을 떠나서 다른 나라에서 사업을 해보고 싶었다. 사업 자금을 모으기 위해 또다시 배달 일을 시작했다. 배달의민족과 요기요 등 새로운 기술과 좋은 이미지를 앞세운 플랫폼 회사가 눈에 들어왔다. 시급 11,500원을 보장한다는 말에 2019년 4월부터 요기요플러스에서 일을 시작했다. 8개월 계약이었다. 그런데 두 달도 안 돼서 채팅방에 공지가 올라왔다. 시급을 1,000원 깎는다는 내용이었다. 한 달 뒤에도 공지가 올라왔다. 시급을 5,000원으로 하고, 배달 한 건당 1,500원을 준다고 했다. 2019년 플랫폼 산업을 뒤흔든 요기요플러스 사건의 시작이었다.

계약서를 쓸 때는 사장이라며 위탁 계약서를 썼지만, 출퇴근 시간도 정해져 있었고 휴식도 조를 이루어 취하게 했다. 심지어 다른 지역에 사람이 부족하다며 성북에서 용산으로 파견을 보내기도 했다. 그가 가진 계약서엔 '고정급, 8개월 계약, 위탁 계약, 협의 후 변경' 등의 낱말들이 그대로 남아 있었다. 회사는 새로 계약서를 쓰지 않았다. 너무나 익숙한 상황이었다. 그가 지난 30년간 배달 일을 하면서 무수하게 겪은 '계약서엔 사장', '일 시킬 땐 근로자'의 문제가 반복되고 있었다. 기업은 플랫폼을 혁신적이고 새로운 기술이라고 광고하고 다녔지만, 그가 겪은 플랫폼은 30년 전의 낡은 배달 산업과 똑같았다.

한 가지 변한 것이 있다면 더 이런 일들을 홀로 해결하고 싶지 않았다는 점이다. 우리 모두의 문제라는 생각이 들어서 라이더유니온에 전화를 걸었다. 그리고 동료들과 함께 피켓을 들고 본사 앞에서 기자 회견을 하고 텔레비전에도 출연했다. 퇴근 후 모인 동료들과 함께 노동조합 분회를 설립했다.

인맥과 학벌은 물론 서로 의지할 만한 친척 하나 없던 그에게는 두 가지 목표가 있었다. 변호사 살 돈과 큰 병이 났을 때 필요한 돈 1,000만 원을 언제나 모아놓고 사는 것이었다. 그가 걸어온 인생의 길 위에서 만난 사람들은 돈이 없어 병원을 가지 못하는 사람들이 많았다. 갑자기 경찰에 잡혀가 두들겨 맞고 자백한 사람들도 있었다. 그 자신이 임금 체불과 부당 해고 등 이해하기 힘든 일들을 수없이 겪었다.

그에게 법은 자신을 지키기 위한 최후의 수단이었다. 하지만 힘 있는 사람들은 법을 지키지 않았고, 힘없는 자들이 인생을 걸고 법을 지키라고 해야 겨우 지키는 시늉만 했다. 계속 이렇게 살 수는 없어서 결국 노동조합을 선택했다. 쉽지 않은 역할이었고 동료들과 다툼도 있었다. 하지만 그가 시작한 싸움은 한국의 플랫폼 기업들이 배달원들과 근로기준법의 눈치를 보게 했다.

2019년 가을, 한창 조국 사태로 대한민국이 시끄러울 때였다. 1980년대에 명문 대학을 나온 사람들과 1980년대에 군사정권에 부역했던 사람들이 싸웠다. 1980년대에 오토바이에 반해 배달 일을 시작했던 덕재 씨는 이렇게 말한다.

"저랑은 다른 세상에 사는 놈들끼리 치고받고 싸우는 거죠."

정치 혐오일까? 아니다. 그는 자신이 겪은 문제를 노동청 신고뿐 아니라 사회적인 의제로 만들었고, 기업과 싸움을 시작했다. 그에게는 좋은 학벌도, 좋은 직장도, 힘 있는 교수나 변호사 친구도 없다. 하지만 그는 오늘도 임금 체불과 부당 해고, 불안한 삶의 문제를 해결하기 위해 홀로 노동법을 뒤지고 노동청을 쫓아다닐 또 다른 덕재 씨를 만나러 간다. 이게 정치가 아니면 무엇일까?

# 5

# 부릉은
# 무엇으로 사는가

프랜차이즈 형 배달 플랫폼과 동네 배달 대행사

2019년 4월 12일 여의도 중소기업중앙회에서 이낙연 국무총리, 박영선 중소벤처기업부 장관, 김기문 중소기업중앙회장 등 유력 정치인들과 관료들이 참여하는 '청년 스마트 일자리 선포식'이 열렸다. 이 자리에서 주목받은 벤처 CEO가 있었는데, 바로 메쉬코리아의 유정범 대표다. 부릉이라는 배달 대행 플랫폼을 운영하는 회사다. 중소기업중앙회로부터 '괜찮은 청년 일자리'로 선정되어 발표했는데, '세상에서 가장 정당한 1원의 가치를 만드는 기업 메쉬코리아'라는 슬로건이 PPT에 띄워져 있었다.

행사는 순조롭게 끝나는 듯했다. 그런데 돌아가는 김기문 중소기업중앙회장과 박영선 장관을 〈KBS〉의 젊은 기자가 막아섰다. 기자는 괜찮은 청년 일자리로 선정된 부릉에서 일하는 배달원이 하루아침에 해고된 사건에 관해 질문했다. 옆에 있던 장관의 표정은 일그러졌고, 김기문 회장은 "그거까지는 모르겠고, 우리가 그 업체를 선정한 것은 낙후 업종과 IT가 접목해서……"라고 대답했다.

이 대답에 한국 배달 산업의 모든 문제가 담겨 있다. 배달 산업은 "낙후"되어 있고 주변적인 산업이라는 선입견. 산업에 대한 선입견은 종사자에 대한 편견과 연결된다. 이를 개선하고 구원하는 것은 IT 기업이다. 이 논리는 스타트업 기업이 가진 신념이기도 하다. 2019년 11월 19일에 발표한 코리아스타트업포럼의 의견문을 보자.

우리나라 배달 시장은 음성화되어 있었습니다. 최근 디지털 플랫폼 기술의 발전에 따라 관련 스타트업이 급성장하면서 조금씩 양성화되고 있지만, 여전히 전체 시장의 90%가량은 음성적인 시장이며, 배달 종사자의 안전과 처우는 사회적 논의의 대상조차 되지 못했습니다.

중소기업중앙회장이 낙후된 업종이라고 규정하고, 배달 플랫폼이 음성화된 시장이라고 하는 배달 시장은 동네 배달 대행업체를 비롯한 전통적인 배달 산업을 말한다. 국가가 보기에 동네 배달업체보다 정장 입고 세련된 언어를 구사하며 뭔가 새로운 이미지를 가진 스타트업 기업들이 '혁신'적이다. 플랫폼업체들도 그동안 배달업을 해왔던 이들과 자신들은 다른 존재라고 강하게 확신하고 있다. 여기에 문제 해결의 어려움이 있다. 자기 자신을 모르고 과신하는 사람은 비판에 취약하다.


## 부릉 사건


〈KBS〉기자가 패기 있게 질문한 것은 2019년 3월 28일 배달 대행 플랫폼 부릉이 라이더 4명의 애플리케이션 접속을 일방적으로 막은 사건에 관해서다. 2000년대에는 문자 한 통으로 해고했다면, 오늘날에는 앱 접속을 차단한다. 내가 접속 차단당한 부릉 라이더의 전화를 받은 건 마침 청소년 노동 인권 교육을 하는 강사들과 봄 소풍을 하러 가던 길에서였다. 따뜻한 햇볕과 찬바람이 기묘하게 공존하는 숲 길에서 세련된 플랫폼과 진부한 노동의 이야기가 핸드폰 너머로 들려왔다.

라이더들은 너무 화가 나서 부릉 본사로 찾아가 항의했다. 그들은 부릉이라고 적힌 오토바이를 타고 부릉의 유니폼과 프로그램을 사용하고 있었다. 누가 봐도 부릉의 배달원이었지만, 플랫폼 회사의 대답은 냉정했다.

"계약이 되어 있는 것도 없는데 그러면 저희가 계속 이거를 책임져야 하는 이유가 있나요?"

본사가 거짓말한 건 아니다. 플랫폼 사는 동네 배달 대행사와 위탁 계약을 맺고, 동네 배달 대행사는 다시 라이더와 계약을 맺는다. 따라서 라이더와 플랫폼 회사는 아무런 관계가 없다.

2016년 대구·경북의 편의점 알바노동자가 사망한 사건이 일어났다. 문제 해결을 위해 CU 본사를 찾아갔을 때 본사 직원이 이와 똑같은 말을 했다. "우리 직원은 아니지만, 해결을 위해 최선을 다하겠다." CU 편의점에서 일하는 알바노동자는 CU 유니폼을 입고 "안녕하세요. CU입니다"라고 인사하지만, CU의 직원이 아니다. 그래서 5인 미만 사업장에 적용되지 않는 야간근로수당과 연장근로수당, 휴일근로수당, 연차 등을 보장받지 못 한다. 프랜차이즈와 똑같은 현상이 배달대행 플랫폼 회사에도 나타난다. 본사의 유니폼을 입는 건 똑같다. 하지만 배달 대행 라이더는 동네 배달업체의 근로자도 되지 못한다는 점이 다르다.

부릉 라이더들은 동네 배달 대행사에도 왜 애플리케이션 접속을 막았는지 물었다. 돌아온 대답은 "전 지점장님과 친해서"였다. 부릉 본사가 위탁 계약자인 지사의 지점장과 계약을 종료하고 지점장을 교체했는데, 새 지점장이 전 지점장과 친한 라이더들을 쫓아낸 것이다. 이 라이더들은 전 지점장과 계약서를 작성한 상태였다. 계약서에는 해고하려면 30일 전에 예고해야 한다고 적혀 있었지만, 새 지점장은 이 계약을 지킬 이유가 없다고 생각했다. 본사 역시 라이더들의 문제는 고려하지 않았다.

부릉이 지점장을 바꾸는 과정도 문제였다. 부릉은 자신이 만든 계약서에 지점 위탁 계약을 해지하려면 미리 고지해야 한다고 명시했다. 그런데 부릉이 이 계약을 어겼다. 계약 해지는 쿠데타처럼 하루아침에 일어났다. 어느 날 갑자기 전 지점장의 관리 프로그램을 막아버리고 새로운 지점장을 앉혔다.

본사와 전 지점장이 갈등을 빚은 원인은 배달료였다. 전 지점장 김 씨는 1.5킬로미터 이내의 배달 한 건당 3,700원의 높은 배달료를 라이더에게 지급했다. 부릉 본사는 이것이 시장 가격에 맞지 않는다는 이유로 500원을 인하하라고 요구했다. 김 씨는 거부했다. 지점장이 갑자기 교체되고 배달 단가가 일방적으로 내려가자 해고되지 않은 라이더들도 화가 났다. 단가 인하에 대해 새로운 지점장에게 문의하자 "배달 단가는 자기도 힘이 없다"라는 대답이 돌아왔다.

부릉 본사가 배달 단가에 상당한 영향력을 행사하고 있는 장면이다. 배달 단가는 프로그램 사가 정하지만, 라이더에 대한 책임은 없다는 게 부릉의 입장이다. 하지만 이를 납득할 사람이 많지는 않을 것 같다. 특히 부릉은 다른 프로그램 사와 달리 음식점 영업 권한을 본사가 갖고 있다. 수수료 징수 방식도 문제다. 음식점으로부터 직접 배달료를 수령하고 위탁업체와 라이더에게 분배한다. 돈의 흐름 역시 플랫폼 회사가 제어하는 것이다.

물론 메쉬코리아의 입장은 다르다. 메쉬코리아가 대통령 직속 4차 산업혁명위원회 배달 종사자 안전망 T/F 6차 회의에 제출한 자료를 보면, "플랫폼 사업자는 지역 배달 대행 사업자들을 연결하며, 라이더와 직접적인 계약 관계가 없으며, 연결된 배달 대행 사업자가 라이더와 위탁 등 관계를 통해 배달 업무를 수행"한다고 지적했다. 또 "배달 대행 사업자에 대한 확인/감독 수단이 없는 플랫폼"이라며 플랫폼에 책임과 부담을 지우는 것에 항변했다.

계약을 해지당한 전 지점장 김 씨가 이후 공정거래위원회에 조정을 신청하자, 공정거래위원회는 김 씨에게 3천만 원의 배상금을 메쉬코리아가 지급하라는 조정안을 권고했다. 플랫폼 회사와 위탁 계약 사장 간의 다툼에서 처음으로 승리한 사례다. 김 씨는 현재 민사소송을 준비 중이다.

메쉬코리아는 라이더의 해고 논란 이후에도 대표의 학력 위조와 매출 조작 등 계속해서 사건·사고에 휘말렸다. 메쉬코리아는 2019년 매출액 1,700억 원을 예상한다고 발표했다. 이 또한 논란거리가 됐다. 다른 배달 대행사는 프로그램 사가 가져가는 수수료만을 매출로 본다. 그런데 부릉은 음식점이 지급하는 배달료 전체를 매출로 잡았다. 음식점에서 배달 한 건당 3,500원을 지급하면 프로그램 사가 100원, 동네 배달 대행사가 300~400원, 라이더가 3,000원 정도를 가져간다. 이때 다른 프로그램 사는 보통 100원을 매출로 잡는데, 부릉은 4,000원을 매출로 잡은 것이다.

이에 대해 부릉은 기존 배달 대행업체와 비즈니스 모델이 다르다는 의견을 내놓았다. "기존 배달 대행 시장은 물류지 관여를 하지 않고 프로그램을 팔아서 수수료만 받는 구조라면, 메쉬코리아는 전국적으로 물량을 받고 라이더 선정 등 통합적인 부분에 관여해 서비스를 하기 때문에 수수료가 아닌 대행료 전체를 매출로 잡는다." 위에서 말한, 플랫폼 회사는 라이더와 아무런 관련이 없으며 배달 대행업체에 대해서 어떠한 권한도 없다는 태도와 상반된다. 자기 회사를 홍보하기 위한 매출을 잡을 때는 모든 것이 플랫폼 회사의 것이고, 책임을 져야 할 때는 아무런 관계가 없다는 이중적인 태도다. 부릉만 이런 태도를 보이는 게 아니다. 대부분의 플랫폼 기업들은 투자를 받기 위해서 매출을 부풀리는 반면, 책임을 회피하기 위해서 자기 역할을 축소한다.


## 프랜차이즈 형 플랫폼


그렇다면 다른 배달 대행 플랫폼은 부릉과 어떻게 다를까? 배달 대행 플랫폼은 백가쟁명이다. 춘추전국이라고 해도 과언이 아니다. 배달 주문 중개 앱이 독점적 지위를 가진 하나의 프로그램으로 정리된 깃과는 대조적이다. 빅3로 불리는 부릉, 생각대로, 바로고 외에도 배달의전설, 최강배달, 스파이더, 디플러스, 딜러, 프랜즈, 하니콜, 제트콜, 배달고, 베테랑, 레몬콜, 배달요, 모아콜, 모두의콜, 바이크스토리, 베스트콜, 스피드맨, 배고파, 배달히어로 등 셀 수 없이 많다. 그도 그럴 것이 배달 대행 프로그램은 지역에 기반을 둔 동네 배달 대행업체 사장의 필요에 따라 개발되는 경우가 많기 때문이다. 그 결과 배달 프로그램 개발에 대한 수요가 지역별로 분산되었다. 우리가 상상하는 막강한 힘을 가진 플랫폼 회사는 소수이다. 이들은 단순히 애플리케이션만 개발해서 제공하는 예가 대부분이다.

이런 상황을 이해하기 위해서는 배달 대행업의 역사와 배달 대행 플랫폼의 정체를 간단히 살펴봐야 한다. 배달 대행 플랫폼은 언제부터 음식을 배달하기 시작했을까? 많은 설이 있지만 '심부름' 서비스에서 시작했다는 게 합리적으로 보인다. 2016년 띵똥에 인수된 '해주세요'는 2006년부터 심부름 서비스를 시작했는데, 이때 음식 심부름도 함께했다. 과거에 배달 대행을 한 기사들의 이야기를 들어보면 "바퀴벌레 잡아주는 심부름"도 했다고 한다. 이런 심부름업체들의 음식 배달 비중이 커지면서 배달 대행업이 성장했다고 볼 수 있다.

2007년에 설립한 제트콜의 지사 창업 제안서를 통해 배달 대행의 역사를 간접적으로 알 수 있다.[6] 제트콜은 1987년 도스(DOS)로 프로그램을 개발해 사업을 시작한 것으로 보인다. 이후 세탁실, 안경점, 비디오 감상실, 도매상, 피시방, 편의점, 비디오/책 대여점 등의 관리 프로그램을 개발했다. 그러다 2003년 10월에 배달 관리 프로그램을 개발한다. 2005년에는 PDA로 요식업 관리 프로그램을, 2006년에는 콜센터 관리 프로그램을 개발했다. 그리고 2007년 7월에는 배달 대행 사업을 개시했다. 전화기, 무전기, PDA로 배달 대행 사업을 시작했던 초기 배달 대행업계의 역사를 제트콜이 잘 보여주고 있다. 가맹점을 관리하는 프로그램이니 자연스럽게 홍보 대행도 맡았다. 주로 책자 광고였다. 배달의민족이나 요기요보다 앞서서 음식점 광고와 배달 대행 서비스, 주문 접수 및 관리를 해주는 업체였다.

이 판도는 스마트폰 출시와 2010년 배달의민족과 배달통, 2011년 요기요의 등장으로 급격히 뒤집어졌다. 배달 주문 시장이 이들 업체로 정리되면서 주문 양이 폭증했고, 이 물량을 감당할 더욱 세련된 배달 대행 플랫폼들이 등장했다. 2013년 부릉, 2014년 바로고, 2016년 생각대로가 탄생했다. 배달의민족과 요기요 등의 주문 중개 앱은 소비자 친화적인 애플리케이션과 쿠폰이 중요했고, 부릉과 바로고 등의 배달 대행 앱은 거친 배달업계에서 살아남는 게 중요했다.

역사를 살펴봤으니 이제 배달 대행 프로그램이 무엇인지 알아보자. 이는 프로그램을 판매하기 위해 작성한 배달 대행 프로그램 사 A의 광고 문구를 보면 알 수 있다.

배달 대행 사업이 대형화됨에 따라 음식점도 많아지고 배달 기사도 많아지게 되었습니다. 배달 대행 시장 초기에는 음식점과 배달 기사의 수가 적다 보니 전화나 무전기로도 배달 대행이 가능했습니다. 하지만 배달 시장이 커지고 배달 대행 사업이 대형화됨에 따라 동시에 많은 음식점의 요청을 처리하고 이를 기사에게 알려주는 온라인화된 시스템이 요구되게 되었습니다. 배달 대행 프로그램을 사용하면 동시에 많은 수의 상점에 올라오는 배달 요청을 배달 기사에게 자동적으로 전달할 수 있으며 이를 효율적으로 관리할 수 있습니다. 배달 기사와 음식점 간에 소통을 빠르게 해주고, 배달료, 정보 수정, 목적지 정보 등을 인지하게 해서 배달 기사와 음식점 간의 분쟁을 줄여주고 신뢰를 증진시켜줍니다.

이것이 기능적인 의미의 배달 대행 플랫폼이다. 하지만 음식점 정보와 기사 정보를 가진 프로그램 사가 늘어나면, 이 프로그램이 배달 대행을 상징하는 역전 현상이 일어난다. 음식점 사장이나 라이더의 눈에는 처음 들어보는 '배달은형제들'이나 'JNU' 같은 동네 법인보다는 자기가 쓰는 프로그램의 이름이 눈에 들어오기 마련이다. 배달의민족 앱에서 '우아한청년들'이라는 법인 이름을 떠올리는 것도 힘든데, 동네 배달 대행업체 법인 이름은 더 알기 힘들다. 따라서 각각의 법인보다는 생각대로 신촌지사, 부릉 강서점 등으로 불리는 게 더 자연스럽고 영업에도 유리하다. 라이더가 타고 다니는 오토바이 배달통에 동네 배달 대행사의 이름이 아니라 프로그램 사 이름을 적는 이유다.

배달 대행 프로그램 사는 동네 배달 대행사와 음식점에 프로그램을 제공하고 배달 한 건당 프로그램 사용료를 가져감으로써 이익을 얻는다. 따라서 지역 배달 대행사와 음식점을 늘리는 게 핵심이며, 이를 통해 디지털 지대를 가져가는 게 궁극적인 목표다. 이 과정에서 많은 배달 대행 프로그램 사들이 프랜차이즈화하기 위해 치열한 경쟁을 벌인다. 전략도 각양각색이다.

이 책에서는 부릉처럼 배달료, 음식점 영업 등에 상당히 개입하는 배달 대행 플랫폼을 '관리형 배달 대행 플랫폼'이라고 부른다. 그리고 위탁 계약한 동네 배달 대행사에 프로그램을 제공하고 사용료만 받는 플랫폼을 '디지털 임대형 배달 대행 플랫폼'이라고 부른다. 전자는 건물의 출입 통제부터 세입자까지 직접 관리하는 건물주고, 후자는 임대만 주고 세입자는 신경 안 쓰는 건물주라고 보면 된다. 전자와 비교해 후자가 영세한 편이다.

가령 기업 간 거래(B2B) 계약의 경우 맥도날드, 버거킹, 써브웨이, SPC(파리바게트, 배스킨라빈스 31 등)와 같은 유명 브랜드와 부릉, 바로고, 생각대로와 같은 유명 플랫폼 회사들이 배달 대행 계약을 맺는다. 큰 기업이 동네 배달 대행사나 조그만 프로그램 사에 배달 서비스를 맡길 리 없다. 유명 플랫폼 기업들은 B2B 계약을 따내서 동네 배달 대행사와 라이더에게 풍부한 물량을 제공한다.

그러나 디지털 임대형 배달 대행 플랫폼 사들이 영세한 것만은 아니다. 작은 플랫폼 회사들이 프랜차이즈화를 추구하는 과정에서 연합하는 경우가 있다. 그 결과 탄생한 게 연합형 프로그램 사다. 2018년 4월 이어드림, 날라가, 로드파일럿, Run, 공유다 등의 프로그램 사가 연합해서 ㈜오투오시스를 만들었다. 오투오시스는 각 회사가 갖고 있던 음식점의 콜을 소속 기사 전체가 볼 수 있도록 일종의 통합 앱을 만들었다. 연합 콜의 장점은 홈페이지에 잘 나와 있다.

내 구역을 벗어나 버려졌던 콜들을 인접 지역 공유를 통해 복귀콜과 함께 사용 가능.

예를 들어 이어드림은 마포구, Run은 서대문구의 최강자라고 해보자. 이어드림 기사는 마포구에서 픽업한 배달을 서대문구에 있는 고객에게 배달한 뒤 빈손으로 복귀해야 한다. 서대문구에는 이어드림 가맹 음식점이 없기 때문이다. 그런데 콜과 기사를 공유하면, 이어드림의 기사가 Run이 영업한 음식점의 콜을 잡을 수 있다. 공유 프로그램을 통해 프랜차이즈화의 효과를 가져가는 연합형 플랫폼인 셈이다.

빅3 가운데 하나인 생각대로는 퀵서비스 사업에서 독점적 지위를 갖고 있던 '인성데이터'가 음식 배달 서비스로 뛰어든 예다. 생각대로도 오투오시스처럼 모든 기사에게 소속 지점과 상관없이 콜을 볼 수 있게 한다. 기사는 자기가 어디에 있든 콜을 잡을 수 있기 때문에 충분한 배달 물량을 확보할 수 있다. 데이터 공유가 어떤 효과를 만들어 내는지 잘 보여주는 사례이다. 생각대로는 공유형 방식을 활용해 업계 내에서 상당한 영향력을 행사하고 있다.

배달 대행 플랫폼 회사들은 성격은 다르지만 한 가지 공통점이 있다. 시장 장악력이 높아지면 가맹점에 대해 영향력을 행사하려고 한다는 점이다. 최근 생각대로의 시장 장악력이 높아지면서 갑질 피해가 늘고 있다. 핵심은 동네 배달 대행사가 확보한 음식점과 기사 정보를 둘러싼 데이터 소유권 분쟁이다. 데이터를 동네 배달 대행사 사장의 것이라고 보면, 사장은 언제든지 프로그램 사를 바꿀 수 있다. 반면 생각대로의 소유라고 보면, 동네 배달 대행사 사장이 프로그램 사를 바꿔서 영업하는 것은 생각대로의 재산을 훔친 셈이다. 이는 데이터의 생산과 소유권을 둘러싼 흥미로운 논쟁거리지만, 현실에서는 치열한 생존권 다툼이다.

생각대로는 바이크뱅크라는 회사를 만들어 오토바이 대여 및 관리 사업도 한다. 생각대로 지사들은 모두 바이크뱅크에서 오토바이를 빌리고 수리해야 한다. 오토바이의 대여, 관리, 보험, 금융 처리 등을 프로그램 사가 독점하므로 이를 빌미로 한 갑질들이 벌어지고 있다.

# 동네 배달 대행사

이제 이들 배달 대행 플랫폼을 이용하는 동네 배달 대행사를 살펴 보자. 이들이 어떤 존재인지는 역시 동네 배달 대행사를 상대로 프로 그램을 팔고 싶어 하는 플랫폼 사의 광고 문구를 통해서 알 수 있다.

### 음식 배달 대행이란?

음식점에서 음식을 고객에게 운반해주는 서비스 사업입니다.

### 배달 대행 사업을 하기 위해서 무엇을 준비해야 합니까?

- **사무실** 배달 기사님들이 잠시 휴식을 취할 수 있고, 간단한 음료를 마 시며 회의를 할 수 있는 공간으로 활용됩니다.

- **배달 기사** 음식 배달에서 배달 기사를 어떻게 채용하느냐에 따라 성패 를 가늠하게 됩니다.

- **컴퓨터** 배달 대행 프로그램으로 현재 배달 현황을 관제하기 위한 용도 로 사용합니다.

- **오토바이, 배달통** 보통 오토바이 대여업체에서 임대(렌털, 리스)를 합니 다.

- **배달 대행 프로그램** 음식점에서 배달 요청을 등록하고 이를 배달 기사 에게 전달해주고 배달 현황을 관제하는 기능을 제공합니다.

**배달 대행의 장점은 무엇입니까 ?**

음식점에서 직접 배달 직원을 고용할 경우에 월급, 보험료, 오토바이 구입비용이 발생하고 사고가 발생할 경우에는 처리비용이 발생하게 됩니다. 배달 대행 서비스를 사용하시게 되면 배달 건당 수수료만 내시면 위와 같은 부담을 덜 수 있습니다.

여기서 우리는 두 가지 사실을 알 수 있다. 첫째, 동네 배달 대행사 창업이 의외로 간단하다. 사무실과 기사, 컴퓨터, 오토바이 그리고 플랫폼만 있으면 된다. 둘째, '오토바이로 음식을 나르는 일인데 사고 나면 큰일 나지 않을까?'라는 위험을 회피하기 위해 만든 사업이 배달 대행업이다. 적은 수의 라이더를 갖고도 누구나 창업할 수 있기 때문에 동네 배달 대행사를 상대로 하는 프로그램 사도 난립한다. 이들의 난립은 동네 배달 대행 배달료의 단가를 낮추는 역할을 한다.

동네 배달 대행사의 가장 큰 특징은 '초기 자본주의'와 닮았다는 점이다. 배달 세계에서 만들어진 규칙은 있지만, 우리 사회가 만든 근로자 보호, 사고 예방과 치료, 보호망이 존재하지 않는다.

동네 배달 대행사에서 일을 시작할 때 대부분은 계약서를 쓰지 않는다. 흔히 라이더를 근로자가 아닌 개인사업자라고 부른다. 그래서 라이더가 세무서에 사업자 등록을 한다고 생각하는 사람들이 있다. 그러나 배달 일 한다고 사업자를 내는 라이더는 없다. 세무적으로 따지면 인적용역사업소득자다. 그럼 실제로는 어떻게 일할까? 그냥 일한다. 심지어 면허를 확인하지 않는 예도 있다. 무보험 오토바이를 태우는 지역 회사도 있다. 그야말로 무법천지다. 계약서도 안 쓰는데 산재보험에 가입할 리 만무하다.

반면, 규칙은 빡빡하다. 오전 10시부터 오후 10시, 오전 11시부터 오후 11시, 주말 필수 근무 등 출퇴근에 대한 지휘·감독이 엄격하다. 휴무도 마음대로 못 쓴다. 동네 배달 대행업체의 적나라한 현실은 한 라이더의 죽음을 통해 세상에 알려졌다.

2019년 10월 24일 아침, 지역의 〈KBS〉 기자로부터 전화가 왔다. 라이더 사망 사건이었다. 계약서도 쓰지 않았고, 산재보험도 가입하지 않았으며, 오토바이는 일명 무판, 곧 무등록 차량이었다. 산재보험에 가입하지 않았더라도 산재가 되니 혹시 유족을 만나면 내 연락처를 남겨달라고 부탁했다. 이틀 전에도 경기도 양평에서 사망 사고가 있었다.

그날 저녁 만 19살 라이더가 사망했다는 〈KBS〉 뉴스가 보도됐다. 뉴스 속 사장은 이렇게 말했다.

"여기는 프리랜서예요. 자기가 한 만큼 벌어가는 프리랜서요."

그 주 토요일에 한창 일을 하고 있는데 모르는 번호로 전화가 왔다. 고인의 유족이었다. 월요일에 KTX를 탔다. 유족은 배달 대행 사업 구조는커녕 애플리케이션 사용 방법도 몰랐다. 수사 기관이나 관계

부처도 마찬가지였다. 배달 대행 플랫폼 A사를 사용했으므로 A사가 책임지는 거로 생각했다. 배달 대행 플랫폼 사와 위탁 계약을 맺은 동네 배달 대행사의 존재를 알 길이 없었다. 인터넷에는 배달 대행 라이더는 산재가 안 된다는 내용만 가득했다. 그런데 처음 보는 놈이 내려와서 "산재가 된다"라고 강변하니 썩 믿음이 가지 않을 터였다. 같이 움직이기로 했다.

먼저 경찰서에 갔다. 경찰도 산재가 안 되는 줄 알고 있어서 또 설명했다. 무조건 산재가 되는 건 아니다. 배달 대행 라이더는 특수형태근로종사자 중 퀵서비스로 분류되어 의무적으로 산재보험에 가입해야 한다. 그러므로 만약 산재보험에 가입하지 않았어도 산재 보상을 해준다. 대신 산재보험 가입 의무를 다하지 않은 사장에게 근로복지공단이 보상한 금액의 50퍼센트를 청구한다. 다만 '전속성' 기준을 충족해야 한다. 주로 하나의 애플리케이션을 사용하고, 주 소득을 이 업체에서 얻어야 특수형태근로종사자 산재가 가능하다. 이 증거 확보가 필수적이었다.

핸드폰은 잠겨 있고 고인은 사망했다. 중요한 것은 증거다. 100퍼센트 출퇴근을 지휘했을 것이고 단체 채팅방에서 업무 지시를 했을 테다. 만약 뉴스에 나오지 않았다면 유족이나 관련 부처도 자세히 살피지 않고 넘어간 가능성이 높았다. 〈KBS〉에서 사건을 보도하자 배달 대행사도 협조했다.

    유족과 함께 찾은 배달 대행사 사무실에서 고인의 로그인과 로그아웃 기록, 배달료 명세를 확보했다. 9월 6일부터 사망한 10월 24일까지 단 하루를 제외하고는 매일 저녁부터 새벽까지 일했다. 넌지시 라이더들에게 출근 시간과 퇴근 시간이 언제냐고 물었다. 라이더들은 약속이나 한 듯 "여기는 자율"이라고 대답했다. 휴무일을 정하지 않느냐고 묻자 역시 자율로 정한다고 답했다. 프리랜서라는 주장이다. 입을 맞춘 것 같았지만, 더 추궁하지는 않았다. 산 사람은 살아야 했다. 확보한 기록만으로도 전속성 기준을 충족할 수 있기 때문에 특수형태근로종사자 산재는 문제없어 보였다. 언론에서 다룬 사건이니 노동부에서도 관심을 가질 터였다.

    더 많은 걸 시도해야 했다. 전형적인 동네 배달 대행사라면 근로자로 다퉈볼 수 있기 때문이다. 안타깝지만 어떻게 죽는가에 따라 목숨값이 달라진다. 특수형태근로종사자로 사망하면 하루 일당의 가치가 66,800원(2019년 기준)이다. 하지만 근로자로 사망하면 실제로 번 돈을 기준으로 유족보상연금이나 유족보상일시금을 지급받는다. 돈보다 중요한 문제가 있다. 특수형태근로종사자는 사고의 책임이 개인에게 있다고 볼 여지가 크다. 반면 근로자는 사업주의 책임을 물을 수 있다. 고인의 명예와도 관련 있는 문제다.

    틀림없이 존재할 단체 채팅방 확보가 핵심이다. 핸드폰이 잠겨 있어 시간은 걸렸지만, 우여곡절 끝에 유족들이 비밀번호를 찾아서 앱을 열었다. 이 사건 이후 나는 조합원들에게 가족들에게 배달 일한다고 말을 못 하는 처지라면, 친한 지인에게라도 비밀번호를 알려주라고 당부한다.

비밀의 방엔 예상대로 자유로운 프리랜서가 아니라 종속적인 근로자가 갇혀 있었다. 채팅방 속 라이더들은 출퇴근은 물론, 휴무일 조정, 식사 시간 보고, 강제 배차(관리자가 라이더의 앱에 배달 주문을 강제로 넣는 것), 화장실 출입까지 보고했다.

### 강제 배차에 대한 호소

라이더  하, 배차 그만해줘요. ㅠㅠ 이것까지만 할게요. ㅠㅠ ㅎ

라이더  직권 한 개만 빼주세요. 급해서 사고 날 것 같네요. ㅜ

### 식사 시간 관리

라이더  저 밥 좀 먹고 오면 안 될까요?

관리자  교대로 드세요. 말은 하고.

관리자  2시 30분까지 복귀해주세요. 식사 시간은 1시간입니다.

관리자  어플 끄지 마세요. 아직 마칠 시간 아니잖아요.

### 화장실 보고

라이더  저 잠은 거 치고 빠르게 화장실 좀 갔다 올게요.

**라이더** 화장실요. 배가 아프네영.

## 휴무일 관리

**관리자** 웬만하면 일요일 말고 다른 날 정해서 쉬자~~

이리 보고 저리 봐도 개인사업자라고 하기 힘든 대화다. 적어도 '프리랜서'라는 말은 틀렸다. 라이더는 왜 화장실 가는 것까지 보고할까? 관리자는 라이더의 위치를 관제 사무실의 컴퓨터 또는 관리자의 스마트폰 앱에서 모두 볼 수 있다. 라이더가 콜을 잡았는지 안 잡았는지도 알 수 있다. 배달 주문은 떠 있는데 콜을 잡지 않고 같은 위치에 계속 있다면, 일하지 않는 것으로 오해받을 가능성이 높다. 그래서 식사 시간은 물론이고 화장실 출입까지 보고하는 게 마음 편하다. 관리자는 일일이 라이더를 따라다니면서 감시하지 않아도 라이더가 딴짓을 하는지, 일하는지 알 수 있다.

"어플 끄지 마세요"라는 말에서 알 수 있듯이 퇴근도 자유롭지 않다. 실제로 이 업체에서는 주간반, 야간반으로 라이더를 운영했고, 이것을 지키지 않으면 벌금을 부과했다. 그리고 이러한 내용을 칠판에 떡하니 적어놓았다. 이것이 이 업체에서만 벌어진 특수한 상황일까? 그랬다면 자신 있게 산재가 된다고 안내하지도 않았다. 내가 확인한 다른 배달 대행업체 단체 채팅방에는 비 오는 날 라이더들이 출근하지 않자 관리자가 욕으로 도배한 일도 있었다. 비 오는 날 출근해서 사고 나면 당연히 업체가 책임지지 않는다. 책임지지 않기 위해 탄생한 업태가 배달 대행이다. 너무나 전형적이고 익숙한 장면이다.

문제는 고용노동부다. 유족이 제시한 자료를 보고도 시급제가 아니기 때문에 근로자로 보기 힘들다고 말했다. 1970년 전태일 열사가 "근로기준법을 준수하라"라고 외치며 분신한 지 50년이 지난 오늘날, 우리는 '근로기준법을 준수하라'가 아니라, '근로기준법을 적용하라'고 외쳐야 하는 처지가 됐다. 50년 전 사장의 욕설을 들으며 하루 14시간씩 한 달에 단 이틀을 쉬면서 미싱을 돌렸던 노동자들은 이제 플랫폼의 지시를 받으며 하루 12시간씩 한 달에 4번을 쉬면서 오토바이를 돌린다. 수익은 늘고 노동시간은 약간 줄어들었으므로 진보라면 진보라고 해야 할까?

2019년 11월 《OBS》에서 동네 배달 대행업체 약 30곳을 조사했다. 이 중 4곳은 산재보험 가입 자체가 불가하다는 답변을 당당히 했고, 25곳은 모두 원하면 가입이라고 안내했다. 단 한 개 업체만이 법이 규정한 대로 의무 가입이라고 답했다. 의무 가입이라고 답한 곳도 라이더로부터 산재보험료로 매일 1,200원을 걷었다. 특수형태근로종사자인 라이더가 한 달에 부담해야 할 산재보험료는 15,630원이다 (2019년 기준, 2020년은 14,030원이다). 나머지 절반의 산재보험료 15,630원을 업주가 부담해야 하지만, 라이더에게 전가했다. 즉 30곳 모두 불법을 저지르고 있었다.

라이더가 원하면 가입시켜준다는 업체들 가운데 산재보험료 명목으로 매일 1,600원을 걷는 업체가 있는가 하면, 월 4만 원, 심지어 매일 3,000원을 걷는 업체도 있었다. 산재보험료를 종사자와 업주가 5:5로 분담하는 경우는 23퍼센트에 불과했다. 무법천지라고 할 만하다. 선심 쓰듯 민간 보험을 권유하는 경우도 있었다. 그러나 과실을 따지지 않고 보장은 잘되면서 보험료는 싼, 산재보험보다 좋은 민간 보험이 있을 리 없다. 물론 기본을 지키고 노조보다 더 적극적으로 사고 보상과 산재 처리를 하는 동네 배달 대행사 사장도 있다. 그러나 이런 사장이 극히 예외적이라는 데 배달 산업의 불행이 있다.


## 산재 보상


이런 사례들은 무수히 많다. 2019년 4월 20일 인천 지역에는 비가 많이 내렸다. 이런 날은 주문 양이 폭발적으로 증가한다. 배달 대행업체 사장 A는 중년의 라이더 정 씨에게 무리하게 강제 배차를 넣었다. 배달하다가 늦으면 음식점이나 손님의 질타를 혼자 감당해야 하므로 라이더는 무리할 수밖에 없다. 결국 사고가 났다. 정 씨는 도로에서 미끄러져 허리를 심하게 다쳤다. 화가 난 것은 그 뒤였다. 자기를 포함해

단 2명이 배달을 하고 있었는데, 사장은 집에서 쉬면서 강제 배차를 넣은 것이다. 사장이 함께 고생했다면 이해하고 넘어가려던 참이었다.

화가 나서 일을 그만뒀지만, 병원비와 생활비 등 나갈 게 많았다. 배달료 288,375원을 찾으려고 애플리케이션에 로그인을 시도했으나 접속이 안 됐다. 사장이 막아버렸다. 플랫폼 출입 금지. 되레 사장이 화를 냈다. 정 씨가 갑자기 일을 그만둬서 인력을 구하느라 돈을 많이 써서 손해를 봤다는 것이다. 배달료 28만여 원 때문에 민사소송을 걸 수도 없었다. 일단 산재 신청이라도 해야 했다. 매일 2,000원씩 산재보험료 명목으로 빼간 사장이었다. 어느 날 갑자기 실비보험이 더 좋다며 앞으로 산재보험 대신 가입하는 게 어떻겠냐고 제안해서 거부한 상태였다.

산재보험 신청을 위해 근로복지공단에 확인해보니 가입한 적이 없다는 대답이 돌아왔다. 정 씨는 라이더유니온을 찾았다. 산재보험에 가입하지 않았다 하더라도 산재 보상이 가능하다고 안내했다. 황당한 일은 산재 처리를 위해 방문한 산재지정병원에서도 일어났다. 정 씨가 다급하게 전화를 걸어서는 병원 직원이 배달 대행은 산재 처리가 안 된다며 접수를 거부한다고 말했다. 놀란 조합원을 안심시키기 위해 직원과 통화했다. 산재가 되니 일단 접수만 해달라고 부탁했다. 라이더유니온을 모르고 산재를 알아본 무수한 라이더들이 이런 크고 작은 정보 오류 속에서 치료를 포기했을 테다. 산재지정병원은 치료를 받으면서 산재 신청을 원스톱으로 처리하라고 만든 특별 병원이다. 그런 곳조차 잘못된 정보를 갖고 있었다.

삶의 절망은 문제가 해결된 것처럼 보일 때 찾아온다. 산재 승인을 기다리는 시간이 지옥이기 때문이다.

"근로복지공단에 서류 접수하면서 소견서에 4월 22일에서 5월 18일까지 치료와 안정을 취해야 한다고 명시되어 있고, 공단 직원도 그날까지 일하지 말라고 하는데 그럼 생활비 압박을 받게 되는데 이거 어떻게 해야 하나요? A업체가 산재 가입이 안 돼 강제 처리까지 한 달 이상 걸린다고 하는데 이 기간에는 저 스스로 돈을 빌리든, 재산을 팔든 생활비 마련해야 하나요? 그렇게 해야 한다면 오토바이를 팔아야 할 거 같아서요."

질병이 아닌 '사고'의 경우 산재 승인을 받을 확률이 높다. 하지만 만약 불승인이 나면 치료비는 물론 생계비도 없다. 이 불안감은 매시간 사람의 피를 말린다.

사고의 경우 7일 정도 안에 승인이 난다. 그러나 흔히 후산재라고 불리는 산재 미가입 사업장의 노동자가 산재 승인을 받으려면 여러 확인 절차를 거쳐야 한다. 이런 일이 많아서 근로복지공단과 종종 통화를 하는데, 약속이나 한 듯 공단은 보통 두 달은 걸린다고 답한다. 사장의 불법 행위 때문에 재해자의 고통스러운 시간이 길어지는 것이다. 게다가 산재 승인 여부를 확신할 수 없는 상황에서 산재만 믿고 치료에만 전념할 수도 없는 노릇이다. 플랫폼 노동자들 대부분은 목돈을 모으기 위해서 일하거나 하루하루 생계비를 벌기 위해 일한다. 모아놓은 돈이 없다는 얘기다. 아파서 생계비가 끊기면 삶이 무너진다. 결국 정 씨는 생계를 위해서 생계 수단, 즉 자신을 사장으로 만들어준 유일한 근거인 오토바이를 팔았다. 개인사업자의 몰락이라고 하기에는 너무나 소박한 자산이다.

이렇게 생계비 때문에 사고가 나도 산재 보상으로 치료비만 받고 일하는 라이더가 허다하다. 보상받을 수 있는 일일 휴업급여도 최저임금 8시간분인 68,720원(2020년 기준)에 불과해서 편히 누워 있을 수 없다.

2019년 4월 중순에도 유명 배달 대행업체에서 일하던 30대 김 씨가 배달 도중 범퍼 보호 바가 떨어지면서 바퀴에 걸려 오토바이가 쓰러지는 사고를 당했다. 오토바이 정비가 제대로 이루어지지 않아 발생한 사고다. 이 업체의 계약서에는 오토바이 정비의 모든 책임은 '을'인 '라이더'에게 있고, 정비 불량으로 발생한 사고의 민·형사상 책임을 '갑'인 '회사'에 물을 수 없다고 적혀 있다. 김 씨는 사고 직후에 오토바이를 가진 지인에게 연락해 오토바이를 빌린 다음 자기가 맡은 배달을 끝까지 수행했다. 라이더들이 직업정신이 없다고들 하는데, 사고 나면 본능적으로 음식 상태부터 챙겨보는 게 이들이다. 다음날 병원을 방문, 3주 진단을 받고 회사와 상담을 진행했다. 회사에서 다행히 산재 처리를 해주기로 했다. 그러나 휴업급여가 66,800원(2019년 기준)이라는 이야기를 듣고 김 씨는 피식 웃고 일주일 만에 다시 일을 시작했다.

11월에는 40대 신 씨가 비 오는 날에 일하다 미끄러져 손가락 인대가 찢어졌다. 역시 휴업급여가 66,800원이라는 소리를 듣고 허탈한 웃음을 지으며 "일해야겠네요"라고 말했다.

"하루 6만 얼마를 받아서는 오토바이 렌털비 및 기타 유지가 어렵기 때문에 큰 사고가 아니고서는 산재를 받고 일을 안 하고 쉰다고 생각하기가 쉽지 않습니다. 배민은 100퍼센트 피해 사고가 아니면 사고 난 자체를 갖고도 페널티 규정이 있고 사고 2회 이상이면 계약 해지도 가능합니다. 위험한 배달 일을 하면서 사고가 난 당사자는 어쨌든 보호받아야 하는데 거꾸로 많은 페널티를 받게 됩니다."

그가 찍어 보낸 사진에는 손가락이 붕대로 두껍게 칭칭 감겨 있었다. 세상을 향해 그 두꺼운 손가락을 날려도 할 말이 없을 것이다.


## 보험료 가로채기

지역에서 배달 대행 일을 시작하려는 20대 공 씨는 오토바이를 마련하는 것부터 고민이었다. 매일 오토바이 임대료 15,000원 정도를 지불하고 낡은 오토바이를 빌려서 일할지, 아예 살지 고민이었다. 400만 원 정도 하는 새 오토바이를 사는 건 부담스러워 중고 오토바이를 250만 원 정도에 사기로 했다.

그런데 문제가 하나 더 있었다. 바로 보험료. 자기 오토바이를 소유하고 배달 한 건마다 수수료를 받는 배달 대행 라이더는 특별한 보험을 들어야 한다. '유상운송보험'이라는 이름의 영업용 보험이다. 마지막 장에서 자세히 이야기하겠지만, 이 유상운송보험료가 무척 비싸다. 20대는 연 1,000만 원에 육박하기 때문에 사실상 보험을 들 수가 없다. 사장은 개인이 보험을 들면 비싸니, 일단 서류상 오토바이 소유권을 법인 소유로 해놓은 다음 법인이 보험을 드는 것으로 처리하자고 권했다. 보험금으로 45만 원만 더 내면 된다고 설명했다. 공 씨는 무사고로 1년을 운행한 뒤 명의를 자신에게 이전하고 유상보험을 들면 보험료가 내려갈 것으로 기대하고 사장이 하자는 대로 했다.

그런데 2019년 2월 상대방 차량의 신호 위반으로 공 씨의 팔이 부러지는 사고가 났다. 상대방 과실 100퍼센트라서 오토바이 손해와 치료비, 휴업급여, 형사 합의금 등의 보상을 받을 수 있었다. 과실 차량의 보험으로 대인·대물 보상을 받을 수 있었다. 그런데 오토바이의 서류상 소유가 법인 명의로 되어 있어서 오토바이 수리비로 지급한 대물 보상금 250만 원이 사장 통장으로 들어갔다.

설마? 믿기 어렵겠지만 사장은 이 돈을 라이더에게 주지 않았다.

이유가 가관이었다. 오토바이 센터 사장이 말을 잘해서 보험료를 받아낸 것이라며 보험료로 그 센터의 오토바이를 새로 사라는 것이었다. 배달 대행업체 사장과 오토바이 센터 사장은 친구였다. 몇 차례 보험금을 달라고 요구했지만, 사장은 "설마 내가 떼먹겠냐?"라며 돌려주지 않았다. 몸과 마음이 지친 라이더는 결국 오토바이를 사겠다고 했다. 사장은 오토바이 재고가 없다며 한 달을 더 기다리라고 했다. 정나미가 떨어졌다. 결국 공 씨는 혼다 PCX를 보험금 250만 원에 자기 돈 160만 원을 얹어서 410만 원에 샀다. 그리고 배달업계에 더 발을 들이고 싶지 않아 중고가 된 새 오토바이를 350만 원에 팔았다. 처음 일할 때 산 중고 오토바이값 250만 원과 새 오토바이를 사는 데 들어간 160만 원을 생각하면 손해다.

오토바이 구매와 관련한 고민은 비슷한 사례가 더 있다. 인천의 라이더 정 씨도 오토바이 임대료가 부담스러워 오토바이를 사려고 했다. 배달 대행업체 사장은 본인 오토바이가 아니라 배달 대행 플랫폼사 A에게 400만 원을 주고 사야 한다며 현금으로 달라고 했다. 목돈이 없었던 정 씨는 카드 할부로 사고 싶었다. 그래서 카드는 안 되느냐고 물었지만, 사장은 현금만 고집했다. 영화 〈미안해요, 리키(Sorry, We missed you)〉에서 리키가 아내의 차를 팔아 택배용 밴을 산 것처럼, 정 씨도 결국 부모님의 힘을 빌렸다. 팔 차가 없었던 부모님은 대출을 받아서 아들의 오토바이를 사줬다. 역시 유상운송보험 문제로 사장에게 먼저 입금하고 명의 이전은 나중에 하기로 했다. 그 뒤로는 역시 같은 이야기다.

이후 배달 일을 하다가 사고가 나서 생활비가 끊긴 정 씨는 오토바이를 팔고 싶었다. 그런데 명의가 법인으로 되어 있어서 마음대로 팔 수 없었다. 결국, 오토바이 소유권 정리를 위해 플랫폼 사와 사장을 쫓아다녀야 했다. 오토바이 판매할 때나 일 시킬 때는 적극적이었던 사장은 정 씨를 귀찮아했다. 플랫폼 사도 사장과의 일이라며 귀찮아했다. 결국, 플랫폼 사를 찾아가 서류상 오토바이 소유권을 말소하고 판매할 수 있는 오토바이로 만들었다. 문득 오토바이 가격이 궁금해진 정 씨는 플랫폼 사에 오토바이 원래 가격이 얼마인지 물었다. 정확한 가격을 알려줄 수 없지만, 400만 원 이하라는 답을 들었다. 사장이 중간에서 얼마를 가져갔는지는 아직도 알 수 없다. 다친 몸을 이끌고 이리저리 돌아다녔지만, 몸보다 마음이 아팠다.

초연결 사회, 디지털 혁명이라는 4차 산업혁명 시대에 노동자들은 자기 정보에 접근할 수 있는 권한마저 박탈당하고 있다.

# 과도한 수리비 부담

오토바이 리스와 불투명한 거래를 둘러싼 쟁점은 오토바이 수리 문제에서 절정에 이른다. 경북의 배달 대행사에서 일하던 라이더 양 씨는 배달 일이 처음이었다. 지리도 몰랐고 오토바이도 서툴렀지만, 열심히 일했다. 하루는 내비게이션이 시키는 대로 유턴 신호를 따라 먼 거리를 돌아갔는데, 이 장면을 본 사장이 혀를 챘다.

"신호 지키면서 일하는 기사가 어딨냐?"

이 이야기를 듣고 있던 나도 헛웃음이 나왔다. 횡단보도를 건너는 게 보통인 라이더의 세계에서 유턴을 위해 500미터를 돌아가는 새로운 개념의, 시민들이 들었다면 아주 개념 있는 라이더가 나타났다. 그러나 올바르지 않은 건 나와 사장이지 이 초보 라이더가 아니다.

사고도 유턴 신호를 기다리던 순간에 일어났다. 하필 주변 공사로 도로에 모래가 많이 깔려 있었다. 턴을 하는데 그대로 미끄러져 넘어졌다. 가장 먼저 무엇을 했을까? 본능적으로 음식의 안위를 살폈다. 다행히도 음식은 괜찮았다. 손에 피가 나고 있었다. 배달업체에 전화했더니 음식은 괜찮냐고, 배달할 수 있냐고 물었다. 음식은 괜찮았지만, 오토바이는 안 괜찮았다. 시동이 걸리지 않았다. 평소에도 시동이 잘 걸리지 않는 4만 킬로미터 이상을 뛴 사망 직전의 오토바이였다. 초보 라이더 양 씨는 음식을 꺼내 언덕 위에 있는 아파트로 걸음을 옮겼다.

오토바이 수리비로 136만 원이 나왔다. 오토바이는 자차보험이 없기 때문에 100퍼센트 자기 과실로 넘어진 사고는 모두 라이더가 책임져야 한다. 이 배달 대행업체는 오토바이 임대업체와 수리 센터를 동시에 운영하고 있었다. 라이더에게 자기가 운영하는 임대업체의 오토바이를 빌려주고 임대료를 받는다. 사고가 나면 수리비를 받는다. 잘 보이면 싸게, 싹수가 노라면 비싸게 받는다. 마지막 장에서 자세히 살펴보겠지만, 한국에는 오토바이 표준 공임 단가도 오토바이 수리 국가 공인 자격증도 없다. 부르는 게 값이다. 양 씨는 사고 난 오토바이와 같은 모델에 주행 거리는 더 짧은 오토바이를 중고나라에서 검색했다. 70만 원 정도면 살 수 있었다. 양 씨가 한 달 임대료로 낸 돈은 30만 원이었다.

수리비 136만 원을 낼 바에야 같은 모델의 오토바이를 사서 배달 대행사에게 주면 될 일이었다. 하지만 경험 없는 초보 라이더가 대응하기는 힘들었다. 게다가 업주를 위해 일하다 난 사고인데 모든 책임을 라이더에게, 그것도 시가의 두 배를 뒤집어씌우는 것은 좌시하기 힘들었다. 플랫폼 회사의 관리·감독 책임을 물었고, 결국 절반 가격에 합의했다.

양 씨는 일을 시작할 때 계약서 한 장 쓰지 않았지만, 임대 계약서는 썼다. 자차·자손 사고 시 라이더가 모든 책임을 진다는 내용이었다. 라이더는 사장이므로. 그러나 양 씨는 일요일에 일을 안 했다는 이유로 구박을 받았고, 아파서 일을 못 가겠다고 하자 "링거 맞고 나오라"라는 말을 들었다. 양 씨는 링거비 5만 원을 내고 자신의 몸에 기름을 넣은 다음 10만 원도 안 되는 돈을 벌기 위해 밤늦게까지 일했다.

## 봉건적 자본주의가 낳은 한국형 플랫폼

노동자의 권리가 잘 보장되고 노동조합이 발달한 나라였다면, 앞에서 살펴본 동네 배달 대행사 사장들은 노동청 진정과 법정 소송에 휘말려 오토바이값, 수리비, 치료비, 4대 보험료는 물론 야간수당과 휴일수당, 퇴직금을 지급하느라 정신이 없었을 것이다. 사실 노동법은커녕 계약 관계라도 제대로 정비되어 있었다면 일어나지 않았을 일들이다. 황당한 사건들은 대부분 지역에서 강한 인적 네트워크를 가진 사장에 의해 나이가 어리거나 정보가 없는 사람들을 상대로 일어난다. 봉건적이다. 플랫폼이 발달한 자본주의 위에서 기술혁신을 통해 나타나는 현상이라는 환상을 깨버린다. 플랫폼은 형식일 뿐이다. 이를 이용하는 사회적 관계가 변하지 않는 한 봉건적 성격은 변하지 않는다.

서울의 플랫폼과 지역의 플랫폼은 그 성격과 작동 양상이 다르다. 그런데도 이를 구분하는 논의들이 잘 보이지 않아 플랫폼 담론과 현실의 괴리가 계속해서 발생하고 있다. 아마도 서울의 플랫폼은 지역의 동네 배달 대행사를 봉건으로 규정하고, 자기를 정의로운 플랫폼으로 규정할 가능성이 크다. 실제로 서울의 플랫폼 혁명이 조금씩 진행되고 있다. 이 책을 처음 쓸 때만 하더라도 동네 배달 대행사의 힘이 강력하거나, 적어도 플랫폼 사와 균형을 이루고 있었다. 그러나 상상하기 힘든 자금력을 갖춘 배민라이더스와 쿠팡이츠, 그리고 네이버를 비롯한 대기업들이 배달 산업에 진출하면서 동네 배달 대행사의 설 자리가 점점 없어지고 있다. 게다가 이들 대기업은 음식뿐만 아니라 샴푸, 치약, 아이스크림, 의류 등 공산품은 물론이고 자체 브랜드 상품까지 배달한다. 전 국민의 소비를 장악하겠다는 야심을 가진 플랫폼 기업을 상대로 조그만 동네 배달 대행사가 살아남을 가능성은 없어 보인다. 봉건적 착취와 세련된 착취의 경쟁 속에서 봉건적 지배 아래 있는 지역의 라이더들은 생존을 위한 경쟁을 명분으로 초과 착취를 당할 가능성이 높다.

머지않아 라이더는 깔끔한 계약서와 프로모션을 제공하지만 알고리즘의 지배를 받는 플랫폼과, 불투명하고 봉건적인 갑질에 시달리지만 정이 느껴지는 동네 배달 대행사 중에서 하나를 선택해야 하는 상황에 놓일 것이다. 당연히 서울의 라이더와 지역의 라이더가 할 수 있는 선택지는 다르다. 머지않아 서울의 알고리즘과 지역의 강제 배차가 같은 플랫폼에서 벌어지는 기이한 현상을 목도하게 될 것이다.

# 맥도날드 라이더에서
# 배달 대행 라이더로[7]


배달 라이더를 "오토바이 좋아하는" "10대 혹은 20대"가 "용돈 벌기 위해서" 하는 "임시 직업"이라고 생각하곤 한다. 현실은 다르다. 20대 초반 효성(가명) 씨가 일하는 배달 대행업체 라이더 대부분은 30~40대 아저씨들로, 효성 씨가 막내다. 효성 씨와 동료들은 재미나 용돈 벌이가 아니라 진지한 직업으로 라이더 일을 하고 있다. 그들에겐 자신과 가족의 생계가 걸린 소중한 직업이다.

효성 씨는 대학을 다니다 돈이 필요해 휴학했다. 그가 첫 직장으로 선택한 곳은 맥도날드. 라이더가 아니라 크루(햄버거를 만들거나 계산을 하거나 청소하는 직원)였다. 어느날 매장의 매니저가 배달 한 건당 400원을 더 준다며 배달 일을 권했다. 그렇게 시작한 라이더 일은 학업보다 중요한 일이 됐다. 하지만 맥도날드 라이더를 오래 할 수는 없었다.

"스케줄을 갖고 어찌나 장난을 치던지……."

《이것은 왜 직업이 아니란 말인가》에서 다루었던 '고무줄 스케줄'
문제였다. 회사의 정책은 꽤 많은 사람의 인생에 영향을 미치고 있었
다. 효성 씨가 라이더 일을 시작할 때는 맥도날드의 문제가 세상에 알
려지기 전이었다. 그는 크루로 4시간, 라이더로 8시간, 하루 12시간
일했다. 하지만 근무 시간이 실제 일한 시간만큼 기록되지 않았다. 8
시간 이상 일한 4시간은 출근하지 않은 다른 날 근무한 걸로 기록됐
다. 그래서 8시간 이상 일하면 받게 되는 1.5배의 연장수당을 받지 못
했다. 매니저는 연장수당만큼을 배달 건수로 기록하겠다고 했지만,
연장수당에는 한참 모자랐다. 고무줄 스케줄은 차라리 점잖은 표현
이다. 노동시간을 블록처럼 자르고 떼 내서 회사의 취향에 맞게 쌓는
조각난 스케줄이었다.

잘못된 걸 알면서도 따지기는 쉽지 않았다. 조금만 밉보이면 또 다
른 '스케줄 장난'으로 보복하기 때문이다. 일주일에 4~5일 일하겠다
고 신청해도 매장에 밉보이는 사람에게는 하루나 이틀만 근무하게
했다. 다음 주 월요일부터 시작되는 근무 스케줄은 항상 일요일 저녁
에나 나왔고, 근무 시간이 어찌 될지 몰라 남는 시간에 다른 일을 하
기도 어려웠다.

생활비를 벌어야 하는 직원들은 결국 '자진 퇴사'를 선택했다. 그래
서 맥도날드엔 해고가 없다. 자진 퇴사와 계약 종료만 있을 뿐. 이것
은 맥도날드만이 아니다. 패스트푸드점 대부분이 유인한 스케줄과

자진 퇴사를 활용한다. 실제 최근 패스트푸드점들은 부릉이나 바로고 등 배달 대행 서비스를 적극적으로 사용하면서 관행적으로 이루어졌던 재계약을 중단하고 라이더들을 하나둘 내보내고 있다. 유명 햄버거 브랜드 B사는 라이더들을 배달 대행으로 대체하는 과정에서 무기 계약직 라이더 한 명에게(2년 이상 일한 노동자는 노동법상 무기 계약직으로 전환된다) 햄버거 만드는 일로 보직을 옮기거나, 다른 매장으로 옮겨갈 것을 제안했다. 라이더가 이를 거부하자 매장 내의 오토바이를 없애버렸다. 이 라이더는 출근해서 가만히 앉아 있다 집으로 돌아가야 했다. 사람들은 플랫폼 노동자가 근로자 되기를 원하지 않는다고 생각하는데, 왜 근로자 되기를 원하지 않는지 잘 살펴봐야 한다.

효성 씨는 매장 내의 부당한 사건들에 화가 나 맥도날드를 그만뒀다. 그리고 피자집 라이더로 변신한다.


## 변신

"맥도날드 햄버거는 손도 안 대지만, 도미노 피자는 먹어도 먹어도 안 질려요."

원래 피자를 좋아하기도 했지만, 단지 입맛 문제는 아니었다. 그가 천국이었다고 표현하는 도미노 피자에서는 1시간의 휴식 시간에 눈치 안 보고 쉴 수 있는 공간을 마련하고 있었다. 식대 6,000원에 간식비 1,500원, 주휴수당과 연장수당도 제대로 챙겨 받았다. 이곳은 사람을 중히 여긴다는 느낌을 받았다.

배달 없는 틈새 시간에 온갖 잡무를 시키는 맥도날드와 달리 배달 일에 집중할 수 있었다. 이즈음에 배달 대행 일이 눈에 들어왔다. 피자집에서 4대 보험과 연차 퇴직금 등으로 근로기준법의 보호를 받고 배달 대행 일을 추가로 하면서 수입을 늘릴 요량이었다. 그는 근로기준법상 근로자와 근로기준법의 보호를 받지 못하는 위탁 사업자의 신분을 오갔다.

"배달 대행 일을 할 때는 오전 11시에 나와 편의점 등에서 콜을 기다려요. 배달 대행 사무실에 들어가면 편하게 쉴 수가 없어요. 누울 곳도 없고 시설이 좋은 것도 아니고. 제가 나이가 어리니까 사무실 들어가면 온갖 잔소리에 편히 쉴 수가 없어요. 그래서 추운 겨울, 더운 여름 마음 편히 쉬면서 대기할 수 있는 곳이 있으면 좋겠어요."

그는 하루 12시간씩 주 6일 오토바이를 몰며 월 300만 원을 벌었다. 20대 중반에 왜 이리 큰돈이 필요한지 궁금했다. 그에겐 한 가지 꿈이 있었다. 사랑하는 여자 친구와 행복하게 살고 싶었다. 작은 방이라도 상관없었다. 사랑을 위해 그는 돈을 많이 벌어야 했다. 사랑은 낭만적이지만 현실은 녹록지 않았다.

"하루 8시간 근무에 교통 법규를 모두 지키는 안전 운행을 하면 하루에 스무 콜도 못 받을 걸요?"

오토바이 할부금, 기름값, 빵통(배달 때 쓰는 가방), 안전 장비뿐 아니라 영업용 오토바이 보험에 들어가는 돈을 고려하면 배달 대행으로는 최저임금을 벌기도 힘들었다. 특히나 20대 라이더에게는 유상운송보험이 엄청나게 비싸다. 효성 씨가 인터넷으로 자신의 유상운송보험을 조회하니 연간 1,800만 원이 나왔다. 가입하지 말라는 뜻이다. 효성 씨는 1,800만 원짜리 유상운송보험에 드는 대신 110만 원짜리 출퇴근용 오토바이 보험을 들었다. 만약 이 보험을 들고 배달 일을 하다가 사고가 나면 보상금이 나오지 않는다. 그래도 이런 보험이라도 들어놓아야 마음이 편하다.

"부적이죠. 마음의 위안을 얻기 위해서……. 사고 나면 배달 중이라는 사실이 들키지 않기를 빌 뿐입니다."

이처럼 배달 대행 일을 하기 위해서는 초기에 돈을 써야 한다. 게다가 근로자로 일하는 시간을 포기하면서 함께 버린 최저임금을 고려하면 마음이 급해진다. 그가 잦은 신호 위반을 하는 이유다.

부적의 힘이 신통치 않았나 보다. 효성 씨는 피자집에서 일하던 도중 손이 피자 칼에 베 신경 손상을 입었다. 그의 부상 소식을 처음 듣고 내가 내뱉은 말이 가관이었다.

"근로자일 때 다쳤어요, 배달 대행하다가 다쳤어요? 피자집이요? 다행이네요."

아차 싶었다. 다쳤는데 다행인 일이 어디 있겠는가.

그래도 근로자 신분이라면 산재 처리가 쉽다. 근로복지공단 홈페이지에서 산재지정병원을 검색해서 치료를 받으라고 안내했다. 업주도 산재 처리를 해준다고 했으므로 7일 정도면 산재 승인이 날 줄 알고 잊고 있었다. 그런데 한 달이 넘도록 산재 처리가 되지 않았다. 산재지정병원이라고 해서 찾아간 병원에서 치료를 받은 뒤 2주쯤 지난 어느 날 갑자기 자기네가 산재지정병원이 아니라고 말했다. 근로복지공단도 병원도 산재지정병원인지 아닌지 몰랐던 것이다. 게다가 치료가 잘못되어 신경 손상까지 입었다. 효성 씨는 아픈 몸을 이끌고 자신을 받아줄 큰 병원을 찾아 헤맸다. 근로복지공단에는 따로 산재 신청을 했다. 공단에서 제대로 안내했다면 감수하지 않아도 될 일들과 시간이었다.

결국 라이더유니온이 이 문제를 공론화하고 근로복지공단과 면담까지 진행한 뒤 산재 승인이 났다. 근로복지공단 홈페이지에 있던 산재지정병원 목록도 삭제됐다. 한 달 동안 일은 못하고 수익도 없어서 효성 씨는 결국 오토바이를 팔 수밖에 없었다.

산재 기간 휴업급여를 받으며 생계를 이어가던 그는 산재 기간이 끝나자 돈을 벌어야 한다며 피자집으로 돌아갔다. 오토바이를 팔아버려서 대행 일을 다시 할 수도 없었다. 전부콜이 스트레스라 더 하고 싶지 않은 이유도 있었다. 줄어든 수익은 긴 노동시간으로 메꿨다. 효성 씨는 그렇게 주 6일 피자집에서 일하는 근로자 신분의 배달 라이더가 됐다.

# 6

# 플랫폼 산업의
# 진짜 '혁신'을 위한 조건

플랫폼 자본과 플랫폼 노동은 끊임없이 변하고 있다. 변화를 설명하기도 힘든데 대안을 제시하기는 더욱 힘들다. '플랫폼자본주의가 과연 지속 가능한가'라는 근본적 질문이 제기되는가 하면, 벤처 붐처럼 또 하나의 거품이라는 우울한 주장도 있다. 기업 가치가 1,200억 달러에 이를 것으로 예상했던 우버이츠는 상장 당일 시가총액 824억 달러를 기록했고, 2020년 1월에는 580억 달러까지 떨어졌다. 470억 달러로 예상했던 위워크는 기업공개에 실패하면서 기업 가치가 80억 달러로 폭락했다. 플랫폼 기업의 가치 실현이 쉽지 않음을 보여준다.

플랫폼 서비스의 지역적 한계도 문제다. 유럽의 일부 국가와 도시에서는 우버를 금지했고, 부자 동네와 고급 건물에서는 에어비앤비 서비스를 금지하고 있다. '타다'를 둘러싼 혁신 논쟁은 한국을 뒤흔들었지만, 서울을 벗어나면 풀 옵션의 흰색 카니발을 발견하기란 쉽지 않다. 새벽 배송 마켓컬리는 '지역'의 신선식품을 모아서 '서울과 수도권'의 소비자에게 공급한다. 전 세계인들이 인터넷과 IT 기술을 사용하는 것도 아니다. 중국은 정치적인 이유로 해외 사이트의 접속이 불가하고, IT 강국 한국의 노년층은 플랫폼 기업에는 신경 쓸 필요 없는, 존재하지 않는 고객이다.

기존 산업과의 충돌, 플랫폼 기업이 일으키는 소란과 소음, 문화적·사회적 인프라 차이, 실물경제에서의 가치 등 플랫폼자본주의는 그 생존을 끊임없이 의심받고 있다. 엄청난 기업 가치, 거스를 수 없는 흐름, 진보와 혁신이라는 편견으로 스타트업과 플랫폼 기업을 보면 현실에서 동떨어진 관념적인 이야기로 흐를 가능성이 높다.

이런 상황에서 플랫폼 노동의 문제를 꺼내는 건 안 그래도 힘든 스타트업 기업을 옥죄는 행동이 아닐까? 하지만 플랫폼 노동의 문제는 플랫폼 산업의 안정적인 발전을 위해 반드시 전제되어야 한다. 산업이 아무리 발전해도 그 속에서 일하는 사람들의 삶이 불행하다면, 우리 사회가 해당 산업의 발전을 지지해야 할 까닭이 없다. 더구나 플랫폼 기업은 노동의 미래라는 커다란 주제를 앞장서 이야기하고 있다. 그들은 이윤뿐만 아니라 가치도 가져가고 싶어 한다. 플랫폼의 이윤은 금융 시장에서의 치열한 경쟁 속에서 이루어지지만, 그들의 비전과 가치는 시민사회의 공론장에서 치열한 논쟁을 일으키는 중이다.

스타트업이 이야기하는 가치관은 시장에서 수요로 나타난다. 소유가 아닌 공유라는 가치는 타다나 에어비앤비 같은 스타트업이 장사할 수 있는 공간을 만들어낸다. 플랫폼을 둘러싼 이야기들이 미래를 둘러싼 가치 논쟁일 수밖에 없는 이유다. 그렇다고 플랫폼 기업이 일으키는 변화를 모두 무시하고 과거로 돌아가자고 할 수는 없다.

이 장의 목표는 플랫폼을 앱에서 삭제하기 위해서가 아니라, 플랫폼이 추구하던 이상적 목표를 현실에서 실현하기 위한 비판적 제안을 하는 데 있다. 우리가 넘어야 할 첫 번째 관문은 '노동'이다.


## 플랫폼 노동자를 어떻게 보호할 것인가


플랫폼 노동자를 어떻게 규정하고, 어떻게 보호할 것인지는 뜨거운 논쟁거리다. 플랫폼이 생겨난 산업의 종류와 플랫폼을 사용하는 나라, 심지어는 도시에 따라 노동의 구체적인 형태가 다르기 때문에 법률에 따른 일률적 적용이 가능한지조차 의문이다. 여기서는 플랫폼 전체가 아니라 온디맨드 노동, 특히 배달 산업에서 어떻게 플랫폼 노동자를 분류하고 보호할지를 다룬다.

우선은 '위장 플랫폼'을 걷어내야 한다. 출퇴근 시간과 휴무, 강제적인 업무 지시와 벌금 제도 등은 논쟁의 여지 없이 사라져야 한다.

헬조선식 플랫폼이라고 부르는 배달 노동자의 업무 형태는 최악이다. 근로기준법상 의무를 회피하기 위해 계약서에서는 사장으로 만들고, 일할 때는 근로자보다도 심하게 부려 먹는다. 현재 고용노동부가 마음만 먹으면 다 잡아낼 수 있다.

위장 플랫폼을 걷어내면 더 어려운 두 번째 질문이 기다리고 있다. 자유롭게 로그인, 로그아웃하는 형태의 노동자를 어떻게 보호할 수 있을까? 자유롭게 로그인, 로그아웃하는 프리랜서 형태의 노동자는 근로기준법으로 보호받지 못하는 게 당연할까? 그렇다고 근로기준법상 근로자로 밀어 넣어 보호하는 것이 정답일까?

가령 자유롭게 로그인, 로그아웃하는 노동자에게 노동법의 최저임금을 어떻게 보장할 수 있을까? 집에 누워서 앱에 로그인했다고 이를 노동시간으로 측정해 최저 시급을 보장하는 것은 불합리해 보인다. 반면 앱에 접속해서 추운 겨울에도 콜을 기다리는 배달 노동자의 노동에 대한 대가가 전혀 없는 것도 정당해 보이지 않는다. 정말로 자유롭게 앱에 접속할 권한이 있다는 전제 아래, 플랫폼 노동의 로그인 시간을 기준으로 노동의 유무를 따지는 것도 불가능해 보인다. 문제는 또 있다. 앞서 살펴본 대로 일하는 사람의 근무 조건이 시시때때로 바뀐다. 근로기준법의 보호를 받는 노동자라면 '취업규칙불이익변경의 금지'로 대응할 수 있지만, 위탁사업자라면 그런 권한을 갖고 있지 않다. 중요한 업무 지시자인 알고리즘을 믿을 수 없다는 한계도 있다.

나에게 콜을 공정하게 분배하는지 아닌지를 확신할 수 없다. 이는 플랫폼 노동자를 불안하게 만든다.

　그렇다면 우리는 좀 더 근본적으로 고민해야 한다. '왜 근로기준법을 만들었는가?' 최저임금은 상대적으로 힘이 약한 노동자가 사장의 우월적 지위에 의해 인간 이하의 생계비를 받는 것을 막기 위해 도입됐다. 취업규칙불이익변경의 금지 역시 근무 조건이 최악으로 바뀌어 노동자가 회사를 그만두거나, 업무 강도가 높아지거나, 수익이 감소하는 걸 막기 위해 만들어졌다. 지금 당장 일을 하지 않으면 생계를 이어갈 수 없는 노동자와 충분한 경제적 여유를 가진 사장이 동등하게 협상할 수 없다는 전제에서 만들어진 법이 노동법이다. 최소한 법률로 정한 기준 이하로는 근무 조건을 후퇴시키지 말라는 최후의 보루를 국가가 만든 셈이다.

　문제는 이 보호에 울타리가 있다는 점이다. 누구는 들어오고 누구는 들어오지 못 한다. 여기서 핵심적인 개념이 '종속성'이다. 근로자에게는 반드시 자신에게 업무 지시를 하는 사장이 있어야 한다. 이에 대한 반론으로 최근에 근로자 개념을 '노무를 제공하는 자'로 확대해야 한다는 주장이 나오고 있다. 사장이 여러 명이거나 사장을 찾기 힘든 플랫폼 노동자에게 어울리는 대안이다. '경제적 종속성' 개념을 도입해서, 비록 그 회사에 출근하지 않더라도 그 기업을 위해 일하고 이를 통해 소득을 얻는다면 근로자로 봐야 한다. 그렇게 되면 본사로부

터 물건을 납품받고, 가격, 영업시간, 마케팅 등의 관리를 받는 편의
점 사장도 근로자로 해석할 수 있다. 근로자 개념의 확대를 통해 기
존 근로기준법으로 플랫폼 노동자뿐 아니라 프랜차이즈의 지휘·감
독을 받는 위장된 자영업자를 보호할 수 있다.

그러나 여기서 반드시 짚고 넘어가야 할 이야기가 있다. '근로자'
개념을 종속성과 지휘·감독으로만 해석하면 그 논의에 한계가 있다.
만약 기업이 근로자로 보호하는 대신 과도한 업무 지시와 갑질을 한
다면 근로자는 이를 다 감수해야 할까? 이 문제는 정규직 채용을 바
라며 비정규직의 온갖 설움을 견디는 현실, 자회사 형태 비정규직의
정규직 전환 등의 논의를 정당화한다. 또한 세상에는 종속적인 노동
자만 존재하는 것도 아니다. 자유로운 연구를 보장한 교수를 보자. 교
수도 물론 논문과 강의에 대한 평가를 받지만, 노동시간과 휴게시간
까지 감시받지는 않는다. 유급 안식년도 보장된다. 사용자인 총장의
구체적인 지휘·감독을 받지 않지만, 이들은 근로자로서 보호받는다.

심지어 근로기준법에는 업무 수행 방법을 근로자가 알아서 해야
하는 업무, 가령 근로 시간이나 근무 장소 등을 구체적으로 특정하기
힘든 프리랜서처럼 일하는 기자, PD 등을 위해 재량근로시간제라는
조항이 있다. 재량근로시간제를 다룬 근로기준법 제58조 제3항 제2
호에는 "사용자가 업무의 수행 수단 및 시간 배분 등에 관하여 근로
자에게 구체적인 지시를 하지 아니한다"라고 적혀 있다. 근로자인데

구체적인 지시를 하지 말라니, 기존의 근로기준법상 근로자로 인정받기 위한 증거로 이야기하는 구체적인 지휘·감독과 정반대다. 종속성 개념이 한계적이라는 것을 근로기준법도 알고 있다. 이렇게 보면 노동법의 보호를 받을 수 있느냐 없느냐는 법의 해석이 아니라, 직업의 사회적 위치와 힘의 차이로부터 나온다고 볼 수 있다.

이처럼 종속적이지 않더라도 마음만 먹으면 근로기준법으로 보호할 수 있다. 근로기준법의 보호는 종속의 대가가 아니라, 일하는 사람이 받아야 할 마땅한 권리라는 원칙을 잊지 말아야 한다. 프리랜서처럼 일하면서 근로기준법상 권리를 행사하는 게 가장 이상적인 직장이지 않겠나. 이 꿈을 포기할 필요는 없다. 노동자라는 지위는 거래의 대상이나 인질이 아니다.

이 모든 조치가 이루어진 이후에도 근로기준법상 노동자 되기를 원치 않는 노동자나 근로기준법의 적용이 힘든 산업 분야가 있을 수 있다. 이 경우 최저임금이나 취업규칙불이익변경의 금지에 준하는 보호 조치를 보장하는 새로운 규칙이 필요할 수 있다. 화물연대는 안전운임제를 도입해 화물 노동자가 너무 낮은 수수료를 받고 일하는 것을 막고 있다. 라이더유니온은 안전배달료를 도입해 1,000원 이하의 배달료를 받고 일하는 것을 금지하려고 한다.

노동자가 아니라 정말로 개인사업자로 일하기를 원하는 라이더들을 위해서는 공정거래법의 적극적 해석과 적용이 필요하다. 이 기시

핵심은 플랫폼 노동자가 불공정 거래 행위에 대해 신고하고 대처할 수 있는 법적·제도적 기반이 최소한 현재의 노동청과 노동위원회 근로감독관 제도만큼 마련되어야 한다는 것이다.

또 불공정 거래 행위로 인해 플랫폼 노동자의 손해를 입증할 수 있는 징벌적손해배상 제도를 도입해야 한다. 플랫폼 노동자가 소를 제기하고 대응하기란 매우 힘들다. 새로운 계약에 동의하지 않으면 앱 접속 자체가 막히기 때문이다. 자료를 확보하기도 힘들다. 앱에 모든 정보가 들어 있는데 접속을 막으면 어떻게 증거 자료를 확보하겠는가? 따라서 증거를 중시하는 송사에 휘말리면 정보가 없는 플랫폼 노동자가 일단 불리하다. 플랫폼이 가진 정보와 데이터에 접근할 수 있는 권한이 보장되어야 한다.

기본적으로 일하는 사람들이 근로자로 일할지, 개인사업자로 일할지 선택할 수 있게 해야겠지만, 현실에서는 결국 자본이 선택하게 되어 있다. 지금 자본은 근로자로 고용하는 것보다 플랫폼 노동자를 사용하는 게 저렴하므로 플랫폼 노동을 원한다. 만약 플랫폼 노동자를 사용하는 비용과 책임이 더 강화되면 근로자로 고용할 가능성이 크다. 실제로 몇몇 음식점에서는 배달 대행 라이더를 쓰다가 비용이 부담되어 직접고용으로 전환하는 사례가 나타나고 있다.

| | | 플랫폼 노동자 | 근로자 | 근로기준법 |
|---|---|---|---|---|
| **근무 시작** | 근로계약서 | X | O | 안 쓰고 한 부씩 안 나누면 사업주 처벌 |
| | 오토바이 제공 | X | O | 작업 도구는 사업주 제공 |
| | 기름값 제공 | X | O | 작업 도구는 사업주 제공 |
| | 보험료 제공 | X | O | 작업 도구는 사업주 제공 |
| **수당** | 최저임금 | X | O | 2020년 8,590원 |
| | 주휴수당 | X | O | 최저임금+주휴수당은 10,308원 |
| | 연장수당 | X | O | 약속한 시간 이상 일하면 1.5배 |
| | 야간수당 | X | O | 밤 10시~아침 6시 일하면 1.5배 |
| | 5월 1일 유급휴일 | X | O | 5월 1일은 출근 안 해도 일당 나옴 |
| | 공휴일 수당 | | O | 일하면 1.5배 |
| | 연차 | X | O | 한 달 일하면 하루 유급휴일. 1년 일하면 다음해에 쓸 15일이 생김 |
| **근무 환경** | 취업규칙 불이익변경의 금지 | X | O | 불리하게 못 바꿈 |
| | 사고에 대한 면책 | X | O | 회사가 사고 처리. 형사 합의는 별도 |
| | 회사가 음식값 책임 | X | O | 고의가 아니라면 회사가 처리 |
| | 손해배상 | X | O | 위약 예정의 금지 |
| | 건강검진 | X | O | 1년 1회 |
| | 휴게시간 | X | O | 4시간 일하면 30분 |
| | 노동시간의 제한 | X | O | 1일 8시간, 주 40시간 연장근로는 최대 12시간까지만 가능 30인 미만은 최대 60시간까지 가능 |
| | 4대 보험 | 산재만 되고, 보험료 반반 | O | 회사와 노동자가 반반 산재는 전액 업주 부담 |
| **퇴직** | 퇴직금 | X | O | 1년에 1개월치 임금 2년은 2개월치 임금 |
| | 해고예고수당 | X | O | 갑자기 해고하면 30일치 일당 |
| | 부당해고 구제신청 | X | O | 부당하다 싶으면 구제신청 가능 |

| 플랫폼 노동자와 근로자의 노동법 보호 비교표 |

# 플랫폼 노동조합

이런 법제도들의 활용에 필요한 최소한의 조치 가운데 가장 중요한 것이 노동조합 할 권리다. 다종다양한 산업 형태 때문에 근로기준법의 일률적 적용이 어렵다는 고민이 근로기준법에 보장된 권리를 박탈하는 논의로 흐른다면 곤란하다. 이는 초기 자본주의로 돌아가자는 몰지각한 주장이므로 논의할 가치조차 없다. 변화무쌍한 현실에서 가장 이상적인 종사자 보호 대책은, 당사자가 직접 조직을 만들어서 산업별로 단체협상을 진행하는 것이다. 이는 플랫폼 노동자의 노동3권을 어떻게 보장해야 하는가를 둘러싼 문제다.

이 문제도 당장 해결할 수 있는 방법이 있다. ILO(국제노동기구) 핵심 협약을 비준하는 것이다. 한국의 노동조합 결성권은 헌법에 보장되어 있다. 하지만 사실상 허가제로 운영되고 있다. 국가가 전교조를 하루아침에 법외노조라고 통보하듯이 법적 권리를 박탈할 수 있다. 또 종속성이 약한 특수형태근로종사자의 노조 할 권리는 노동청의 판단에 따라 좌지우지된다. 기존 근로기준법이 새로운 형태의 노동자들을 담아내지 못하고 낡았다고 하는데, 낡은 것이 있다면 바로 이 노조법이다. 일단 전 세계의 상식인 ILO 핵심 협약 비준으로 누구나 노조 할 수 있게 만들자. 핵심 협약을 비준하기 싫다면 대한민국 헌법에 따라 결사의 자유를 보장하면 된다.

노조를 만들 수 있다고 모든 문제가 해결되지는 않는다. 플랫폼 노동자들이 노조에 앞다퉈 가입하지 않는다. 언제 그만둘지, 다른 업체로 옮길지 모르는 노동자에게 군이 노조에 가입해야 할 이유가 없다. 게다가 노동조건이 휙휙 바뀌기 때문에 오랜 시간이 걸리는 노조의 협상과 쟁의 행위를 기다리거나 견딜 수 없다. 어떤 플랫폼 기업이 다음 달부터 배달료 1,000원 삭감을 공지했다고 해보자. 화난 사람들이 노조를 만들기 위해 만나고 총회하고 설립 신고한 뒤 허가 떨어지는 데만 몇 달이 걸린다. 그동안 플랫폼 노동자들은 일을 그만두거나 다른 업체로 옮길 수 있다. 막상 노조를 만들어서 단체교섭을 요구하면 플랫폼 기업이 갑자기 1,000원 삭감 취소라고 공지할 수도 있다. 단체교섭 전에 문제가 해결됐으니 노조에 가입할 필요가 없다. 게다가 노조가 만들어낸 변화가 아니라 회사의 선의라고 해석할 가능성이 훨씬 높다.

배달 라이더는 계절적 요인이 강한 직종이다. 겨울과 한여름에는 배달 주문 양이 많아서 라이더를 모집하기 위해 좋은 조건을 제시했다가 비수기인 봄가을에는 프로모션을 없애는 일들이 자주 일어난다. 3개월 단위의 사계절 속에서 라이더들은 노조에 대한 욕구가 높아졌다 낮아지기를 반복한다.

게다가 기업은 이 프로모션을 바탕으로 플랫폼 노동자들을 주기적으로 분리할 수 있다. 3월부터 입사한 라이더들에게만 1,000원

보너스를 제시하면, 기존 라이더들은 더러워서 못 해먹겠다며 나갈 수 있다. 반면, 회사의 높은 프로모션을 보고 들어온 신입 라이더들은 노조가 아니라 플랫폼에 긍정적인 감정을 가질 수 있다. 이렇게 플랫폼 종사자의 구성이 끊임없이 바뀐다. 전통적인 형태의 노동3권, 법과 제도의 느린 속도에 맞춘 노동3권으로는 플랫폼의 속도를 따라갈 수 없다.

한편, 기업을 협상장에 앉히려면 노조가 단체행동권을 강하게 행사할 수 있어야 한다. 노조의 요구를 수용하지 않아도 사업하는 데 아무런 지장이 없다면, 누가 군이 노조와 협상하겠는가? 가령 라이더들이 단체행동을 하면 단체행동을 하지 않는 플랫폼 노동자들에겐 이득이다. 서로서로 일감을 나눠 먹는 경쟁자가 대규모로 빠져버리는 셈이다. 따라서 플랫폼 노동자들의 출근 숫자에 따라 단가를 달리하는 시스템을 도입한다면, 단체행동 무력화는 더욱 쉽다. 경쟁자가 데모한다고 빠지면 배달료가 올라간다. 파업이나 총회가 예고된 날에 보너스 1,000원을 때리면 노조 행사보다 플랫폼에 접속할 가능성이 높다.

강력한 정보 독점과 속도도 문제다. 과거의 기업이라면, 노동자들을 통제하기 위해서 중간 관리자가 노동자 한 명 한 명을 만나 술도 마시고 회유도 하고 보너스도 돌릴 것이다. 하지만 플랫폼 기업은 수만 명이든 수백만 명이든 간단한 앱 공지와 문자 하나로 모든 노동자에게 즉각 선전할 수 있다. 배민라이더스는 배민커넥터의 노동시간을 20시간으로, 라이더스의 노동시간을 60시간으로 줄이는 발표를 하면서 민주노총과 협의했다는 문장을 붙여 노동자들 간 불화를 조장했다. 또한 매일 바뀌는 수수료에 대한 라이더유니온의 문제 제기에 프로모션 폐지로 맞섰다. 이렇게 되면 라이더들은 자신들의 불리한 처우가 압도적인 힘을 가진 플랫폼이 아니라, 거기에 힘도 없이 맞선 노조 때문이라고 생각하기 쉽다. 노조는 이에 대응할 수단이 많지 않다. 동료들을 만날 수가 없기 때문이다. 정보의 비대칭과 소통 창구의 독점은 노동조합의 협상력을 무력화한다.

이런 상황에서 전통적인 의미의 '과반 노조'는 불가능하다. 과반 노조를 만들다가 문제가 해결되거나, 문제의식을 느낀 조합원이 일을 그만두거나, 문제가 있었는지도 모르는 새로운 신입 라이더가 끊임없이 들어오기 때문이다. 따라서 노조원의 숫자와 관계없이 노조의 권한을 강력하게 보장해야 한다. 플랫폼 노동자들에게 노조를 홍보할 수 있도록 법으로 보장해야 한다. 회사가 모든 라이더에게 공지 문자를 보내듯, 노조도 회사의 앱을 이용해 모든 라이더에게 공지할 수 있어야 한다. 회사마다 노조 게시판이 있다면, 플랫폼 노동자의 핸드폰에 노조 소식 팝업 창이 있어야 한다.

현재 노조법에서는 단 한 명의 조합원만 있으면 회사와 단체교섭이 가능하다. 노조의 단체교섭 요구안에 대해 비조합원들도 총투표를 할 수 있어야 하며, 그 효력도 전 노동자에게 적용되어야 한다. 이를 통해 노동조합의 활동으로 변화가 일어났다는 사실을 인지할 수 있어야 한다. 또한 단체행동권의 내용에 앱 점거가 들어가야 한다. 플랫폼의 본질은 실시간 대체 인력의 공급이다. 오프라인 파업은 아무런 타격을 주지 못한다. 앱이 차단되고 음식점 사장과 고객에게 파업 중이라는 안내가 나가야 한다.

이런 권한들을 확보한 다음 노동조합의 활동 양상과 목표를 달리 설정해야 한다. 플랫폼에 대항하려면 노조도 플랫폼의 형태를 갖춰야 한다. 공장에서 만날 수 없는 노동자들에게 소식을 전하고 소통할 수 있는 가장 빠른 방법은 미디어 노출이다. 방송과 신문, 유튜브 등을 통해 노출된 노조의 주장은 플랫폼 라이더들에게 빠르게 전파된다. 기업 이미지를 중시하는 스타트업과의 싸움에서 여론과 언론은 강력한 저항 수단이다.

조합원보다 비조합원이 훨씬 많으므로 조합원만 바라보고 노조를 운영하면 고립될 수밖에 없다. 가령 자유롭게 일하는 배민커넥터는 4만 명이고, 출퇴근이 정해진 라이더스는 2,400명에 불과하다. 라이더스들이 노조에 가입할 확률이 훨씬 높지만, 이들을 가입시키기 위해 배민커넥터들에게 불리한 내용의 합의를 하면 안 된다. 그럼 전통적인 기업별 노조를 만들 수는 있겠지만, 여론의 지지를 받지 못하는 소수 노조가 될 수밖에 없다. 배민커넥터 4만 명은 함께 일하는 노동자이자 노조를 비난하는 시민일 수 있다.

라이더는 프로그램 회사나 배달 대행업체를 자주 바꿀 수 있으므로 기업별 형태의 노조가 아니라 지역 단위로 조직해야 한다. 이는 배달과 같이 로컬 형 플랫폼에 어울리는 전략이다. 특히 배달은 지리를 익히는 게 중요하기 때문에 자기가 훤히 아는 지역을 옮기기는 힘들다.

이렇게 보면 플랫폼 노조는 기존 기업별 노동조합이 갖고 있던 한계들을 극복할 수 있는 요소들을 갖고 있다. '공장을 넘는 연대, 시민들과의 결합, 지역 기반, 비조합원들과 함께' 등의 보편적 가치를 갖고 있지 않으면 소수파로 고립될 가능성이 크다. 조합원들의 이직과 이탈로 쉽게 무너질 수도 있다. 그야말로 노조의 생존과 지속 가능성을 위해 시민단체적 성격과 노동조합적 성격을 함께 가진 사회운동 노조가 돼야 한다.


## 산재 정비


2013년 11월 26일, 배달 대행 라이더로 일하던 고등학교 2학년생이 무단횡단을 하던 보행자와 충돌했다. 병원으로 옮겼지만, 다리에 감각이 없었다. 척추를 다쳐 하반신이 마비됐다. 한 가닥 희망으로 산재를 신청했다. 불행 중 다행으로 근로복지공단은 사고가 난 라이더가 근로기준법상 근로자라고 판단했다. 매우 간단한 원칙이었다. 일하다가 다쳤으니 업주가 책임을 지고 일한 사람에게 보상해야 한다. 치료비와 휴업급여 등을 받고 치료에 전념할 수 있을 줄 알았다. 업체는 라이더를 산재보험에 가입시키지 않았기 때문에 징벌을 받았다. 근로복지공단이 라이더에게 지급한 보상금의 절반을 대행업체가 부담해야 했다.

배달 대행업체는 가만히 있지 않았다. 자신들은 중개만 할 뿐이고 배달료를 지급하는 곳은 음식점인데, 왜 배달 대행업체가 산재보험료를 내야 하냐며 행정소송을 걸었다. 무엇보다 배달 대행 라이더는 근로자가 아니라서 산재 가입 의무가 없다고 항변했다. 앞의 논의를 읽지 않은 독자라면, 중개만 하는 배달 대행업체가 왜 사고의 책임을 져야 하는지 이해하기 힘들 것이다. 판사들도 그랬다. 1심에서 법원은 배달 대행업체의 손을 들어줬다. 배달 대행업체 소속 배달원은 개인사업자에 해당하므로 산재의 보호를 받을 수 없다는 이유였다. 2심 판사도 마찬가지였다. 법원에서 패배하면 이미 사용한 치료비도 돌려줘야 하는 상황이었다.

사고가 나고 다섯 번째 봄이었던 2018년 4월 26일 대법원에서 기적 같은 판결이 나왔다. '배달 대행 앱 노동자는 한국표준직업분류상 음식 배달원이 아니라 택배원에 해당한다.' 택배원은 특수형태근로종사자로서 산재 보상을 받을 수 있는 직종이다.

근로복지공단 홈페이지에 따르면 특수형태근로종사자란 "계약의 형식에 관계없이 근로자와 유사하게 노무를 제공함에도 '근로기준법' 등이 적용되지 아니하여 업무상의 재해로부터 보호할 필요가 있는 사람"을 가리킨다. 쉽게 이야기하면 위탁 계약서를 쓰긴 했는데 일할 때는 노동자의 성격이 강해서 근로기준법으로 보호하기는 힘들지만, 다치거나 죽었을 때 산재로 보호하자는 취지로 특수한 노동자라는 개념을 만들었다. 2008년 7월 1일 보험설계사, 콘크리트믹서트럭 자차 기사(소위 레미콘 기사), 학습지 교사, 골프장 캐디 등 4개 직종이 산재 보호를 받는 특수한 노동자가 된다. 그리고 2012년 5월 1일 배달 라이더에게 중요한 두 가지 직종이 추가된다. 택배원과 전속 퀵서비스 기사다.

대법원은 배달 대행 라이더를 택배원으로 규정해 특수형태근로종사자 산재로 보상하라는 판결을 내렸다. 근로자 산재가 불가능하다고 보고 일종의 묘수를 짜낸 셈이다. 전통적인 음식 배달원은 음식점의 요청으로 일하는 형태이므로 이에 해당하지 않는다. 반면, 택배는 손님의 요청으로 물건을 픽업해서 배송하는 업이다. 배달 대행도 똑같다. 손님의 요청으로 음식을 픽업하고 손님에게 전달하는 서비스다. 배달 라이더를 택배원으로 해석한다면 특수고용형태종사자로 산재 보상을 할 수 있다는 논리다. 만약 판사들이 이 책에 나오는 것처럼 실제 동네 배달 대행 라이더의 업무 형태가 어떠했는지를 구체적으로 살펴봤다면 '근로자'라고 판단했을 가능성이 높다. 아쉬움은 남지만, 피해자가 특수형태근로종사자로나마 구제받을 수 있는 길이 열렸다.

근로복지공단은 이보다 앞서 2017년 3월 특수형태근로종사자인 전속 퀵서비스 기사 아래에 배달 대행 라이더를 포함했다. 근로복지공단 홈페이지에는 전속 퀵서비스에 "'늘찬 배달업'을 포함한다"라고 씌어 있다. 이 늘찬 배달업이 배달 대행 라이더다. '늘찬'은 능란하고 재빠르다는 뜻이니 배달 대행에 딱 어울리는 우리말이다. 배달 대행 라이더가 사고가 나면, 소송하지 않고도 특수형태근로종사자 산재 보상을 받을 수 있는 길이 열린 셈이다. 수많은 라이더가 죽거나 크게 다친 이후에 이루어낸 작은 성과다. 그러나 근로자를 포기하고 얻은 '특수한 근로자'란 신분은 이후 산재와 관련해서 여러 문제를 낳았다.

첫째, 특수형태근로종사자의 산재보험료를 사용자와 일하는 사람이 반씩 낸다. 근거가 무엇일까? 2007년 특수형태근로종사자도 산재 보상을 받을 수 있는 법안이 만들어졌다. 그 결과 2008년 7월 1일부터 보상이 가능하다. 법안이 만들어질 당시 특수형태근로종사자의 산재보험료를 어떻게 걷을지도 정해야 했다. 그래서 2007년 12월 27일 '고용보험 및 산업재해보상보험의 보험료 징수 등에 관한 법률' 개정으로 근거를 마련했다. 이를 바탕으로 "사업주와 특수형태근로종사자가 각각 2분의 1씩 부담한다"고 정했다. 그런데 여기에 의미심장한 단서 조항이 붙는다. "사용종속관계의 정도 등을 고려하여 대통령령으로 정하는 직종에 종사하는 특수형태근로종사자의 경우에는 사업주가 부담한다".[8] 입법자들이 생각하기에도 사용종속관계가 강한 특수형태근로종사자가 산재보험료를 절반 내는 게 이상했다. 그래서 대통령령이라는 시행령으로 사업주가 100퍼센트 부담하는 직종을 정하겠다고 명시했다. 2007년 이후 대통령이 세 번 바뀌었으나, 어떤 대통령도 이 문제에 대한 령을 내리지 않았다.

대통령들의 직무 유기는 둘째 문제를 낳았다. 특수형태근로종사자의 산재보험 가입은 의무 사항이지만, '산재적용제외신청제도'라는 탈출구가 있었다. 사용자는 산재적용제외신청서를 받으면 산재보험 가입 의무에서 벗어난다. 산재 제도에 구멍을 만들어놓은 것이다. 이 조항은 라이더가 산재보험 가입을 거부하거나, 산재보험료를 전액 라이더에게 전가하거나, 산재보험료 나가는 게 아까운 사용자에게 면죄부를 주는 방식으로 작동한다.

일하는 사람이 원하지 않는다고 산재보험 가입을 자율에 맡겨야 할까? 산재로 인한 부상과 사망에 따른 위험은 라이더가 감수해야 할 산재보험료, 신용불량자나 기초생활수급권자가 수익이 드러나 받을 수 있는 불이익보다 크다. 아무리 노동자가 원하지 않는다고 하더라도 강제로 산재보험에 가입시켜야 하는 이유다. 노후, 건강, 실업, 부상의 위험을 사회보험으로 보호하는 4대 보험 가입 의무를 근로자에게 묻지 않는 이유도 여기에 있다. 4대 보험료 부담이 싫은 사업주가 근로자에게 '꼭 가입하지 않아도 된다'라고 한마디만 하면 대부분의 노동자는 가입하지 않는다.

만약 사업주가 100퍼센트 산재보험료를 책임지면 산재적용제외 신청 제도는 자동으로 폐지된다. 사업주가 부담을 지지 않기 위해 우월적 지위를 이용해 산재적용제외신청서를 강요할 가능성이 크기 때문이다. 이렇게 되면 현재 사용종속관계의 책임을 홀로 지고 있는 동네 배달 대행업체가 모든 책임을 지고 플랫폼 회사는 책임에서 벗어나지 않느냐고 반문할 수도 있다. 사용자가 여럿이라면 산재보험료의 책임도 분담하는 걸 상상할 수 있다. 산재보험료를 동네 배달 대행업체나 배달 대행 플랫폼 사가 분담할 수 있고, 배달 주문 중개를 통해 이득을 얻는 배달의민족이나 요기요까지 책임을 넓힐 수도 있다. 배달 주문 중개업이 가능한 까닭은 배달하는 사람들이 있기 때문이다.

물론 배달 대행 기업이 음식점 사장과 배달 대행 라이더로부터 가져가는 수수료를 인상해 산재보험료 부담을 상쇄할 수 있다. 산재보험료라고 명시하지 않고 건당 50원의 수수료만 올려도 얼마든지 부담을 전가할 수 있기 때문이다. 또한 배달료나 중개 수수료에 산재보험료를 녹여 소비자에게 전가할 수도 있다. 따라서 산재보험료 부담 문제는 라이더가 납부해야 할 보험료 14,030원을 없애는 게 목표가 아니다. 산재의 책임이 기업에 있다는 걸 확인하고, 배달 서비스의 위험을 이용자가 함께 책임지며 산재적용제외신청 제도를 폐지하는 데 있다.

셋째, 전속성 문제다. 특수형태근로종사자 산재는 14개 직종(보험 설계사, 학습지 교사, 건설기계 기사, 골프장 캐디, 퀵서비스 기사, 택배 기사, 대출 모집인, 신용카드 모집인, 대리운전 기사 등 9개 직종이었다가, 2020년 7월 1일부터 방문판매원, 대여제품 방문 점검원, 방문 교사, 가전제품 설치 기사, 화물차주 등 5개 직종이 더해졌다. 근로복지공단 홈페이지에는 학습지 교사와 방문 교사가 합쳐져 방문 강사로 분류되어 있어 13개 직종으로 나온다) 종사자와 전속성이 있는 라이더에게만 보장된다. 근로복지공단 홈페이지에 따르면, "주로 하나의 사업에 그 운영에 필요한 노무를 상시적으로 제공하고 보수를 받아 생활할 것", "노무를 제공함에 있어서 타인을 사용하지 아니할 것"을 전속성 기준으로 제시한다. 그런데 이 정도 기준이면 근로자 앞에 '특수'를 붙이는 이유를 알 수 없다. 그냥 근로자 아닌가? 배달 대행 라이더는 대부분 하나의 프로그램을 사용하기 때문에 전속성 기준에서 벗어나는 경우가 없다. 문제 되는 것은 배민커넥터나 부릉프렌즈, 쿠팡이츠 같은 우버이츠 형 플랫폼 라이더들이다. 자유롭게 로그인, 로그아웃하는 라이더들인데, 이들도 주로 하나의 프로그램만 사용한다면 문제 될 게 없다. 그런데 가끔 일하는 라이더나 여러 개의 프로그램을 사용하는 라이더는 특수형태근로종사자 산재로 보상받지 못하는 사각지대가 발생한다.

그럼 주로 하나의 사업이라는 기준을 어떻게 잡아야 할까? 신기하게도 근로복지공단이 밝힌 퀵서비스 기사의 소득 및 종사 시간 기준이 정확히 있다. 2020년 기준 월 소득 1,242,100원, 월 118시간 이상 일하면 전속성이 있다고 판단한다. 그럼 월 소득 1,185,000원과 월 108시간 일한 라이더가 사고가 나면 어떻게 될까? 물론 근로복지공단이 이것만을 기준으로 판단할 것이라고 믿지는 않는다. 실제로 배민커넥터의 경우 근로복지공단은 이미 특수형태근로종사자로 가입했기 때문에 신뢰를 이유로 산재 처리를 하겠다고 발표한 바 있다.

그러나 여기서 한발 더 나아가야 한다. 산재 제도의 취지가 사업에서 발생할 위험을 보험으로 해결하기 위함이라면, 기준도 원칙도 없는 현재의 전속성 기준을 폐지해야 한다. 하루 한 건을 배달하더라도 사고가 난다면, 그 당시에 라이더를 사용한 사업주가 책임지면 된다. 사업주를 찾을 수 없다고? 그것은 사업주 간의 일이다. 일단 사고가 나면 공단이 라이더에게 먼저 보상하고, 책임 소재를 따지고 입증하는 건 아픈 사람이 아니라 공단과 사업주가 하면 된다. 이는 재해자의 치유와 사회 복귀라는 산재 제도의 취지에도 부합하는 일이다. 더 나아가 산재 신청 제도 자체를 없앨 필요가 있다. 일단 다쳐서 병원에 가면, 건강보험이든 산재보험이든 알아서 적용하는 시스템을 갖춰야 한다. 건강보험을 적용받을 때 우리는 증거를 제출하지는 않는다.

넷째, 산재 보상을 받는다고 하더라도 휴업급여가 너무나 비현실적이다. 특수형태근로종사자의 경우 산재 보상의 기준이 되는 월평균 수익을 고용노동부 장관 고시로 정한다. 퀵서비스 기사의 월 보수액은 1,454,000원이다. 2020년 최저임금 1,795,310원보다 낮다. 산재 보상은 최저임금보다 높아야 하므로 2020년 라이더의 휴업급여는 8,590원×8시간이 기준이다. 라이더들은 비현실적인 금액 때문에 침대에 누워서 치료받을 바에야 아픈 몸을 이끌고 일해서 이익을 얻는 게 낫다고 생각한다. 그런데 이것을 현실화하면 발생하는 문제가 있다. 산재보험료가 올라 라이더들이 산재에 더 가입하지 않는 부작용이다. 이 부작용은 산재보험료를 사업주가 책임지도록 하면 해결할 수 있다.

여기서 또 하나의 문제가 생긴다. 바로 징수다. 자유롭게 로그인, 로그아웃하는 배달 플랫폼 노동자들의 보험료를 머릿수로 부과하는 건 어려워 보인다. 며칠 일을 안 하는 경우도 있고, 매일같이 일하는 경우도 있다. 하루에 한 시간만 하는 경우도 있고 10시간 넘게 일하는 경우도 있다. 해결책은 두 가지 정도로 보인다. 산재에도 온·오프 보험 시스템을 도입하는 것이다.

접속해서 첫 콜을 잡을 때부터 마지막 배달을 완료하고 로그아웃할 때까지 산재보험료를 10퍼센트 계산한다. 플랫폼의 데이터가 있기 때문에 가능하다. 이것이 너무 복잡하다고 생각한다면 그냥 배달 한 건당 산재보험료를 징수하는 방법도 있다. 어차피 라이더들의 소득과 노동시간, 노동과정 데이터를 모두 가진 플랫폼 기업들이 협조만 한다면 지금이라도 당장 가능하다. 사회적으로도 정확한 소득 파악과 실태 파악이 가능해지므로 이득이다. 플랫폼의 정보 독점을 공공적으로 이용하는 것이다. 극단적인 방법도 있다. 어차피 산재보험료를 기업이 부담하면 가격에 전가할 테니 부가세에 그냥 산재보험료를 넣어도 된다. 우리가 생산하는 상품과 서비스에는 노동자의 노동이 들어가 있으므로, 그로 인해 발생하는 위험을 함께 책임지는 것이다.

그렇다면 사업주의 부담은 사라지는 게 아닐까? 사업주에게는 기여금을 부과하는 방법이 있다. 노동자 한 명당 산재보험료를 부과하는 것이 아니라 매출액을 기준으로 부과한다. 노동자를 고용하지는 않는데 매출은 많은 기업이 점점 늘어나고 있다. 하청과 외주화를 통해서 위험 부담을 전가하기도 한다. 이런 기업에 겉으로 드러난 고용 숫자만을 기준으로 산재보험료를 부과하는 것은 정의롭지 않다. 반면 노동자는 많이 고용하지만, 매출은 떨어지는 기업도 있다. 매출액 기준으로 산재 기여금을 걷으면 고용을 창출하는 기업의 부담을 줄일 수 있다.

마지막으로 위장 플랫폼의 문제다. 2017년 근로복지공단과 2018년 대법원이 포기한 배달 대행 라이더의 노동자성 문제는 여전히 남아 있다. 근로자처럼 지휘·감독한 배달 대행 라이더의 경우에는 근로자 여부를 먼저 살펴야 한다. 이를 위해서는 근로복지공단 직원 확충과 새로운 형태의 플랫폼 노동에 대한 직무 교육, 업체에 대한 정확한 실태 파악이 필요하다. 업체에 대한 실태 파악은 배달 대행업계와 이륜차 시스템 전반의 문제와 관련 있는 또 하나의 난제다.

## 이륜차 시스템 정비와 등록제 도입

18~24살 청년의 산재 사망 원인 1위가 '배달'이라는 사실이 드러났다. 한정애 의원(더불어민주당)이 고용노동부로부터 받은 자료에 따르면, 2016~2018년 총 27명의 청년이 배달하다 목숨을 잃었다. 이보다 충격적인 사실이 있다. 27명의 사망자 중 3명은 첫 출근일에, 3명은 이틀 날에, 6명은 보름 안에 사망했다. 흔히 배달 일은 진입 장벽이 낮아 쉽게 할 수 있는 일로 여겨진다. 심지어 고용노동부는 배달 일을 단순노무직으로 분류했다. 그러나 제대로 된 교육과 준비가 없으면 목숨을 잃을 수 있는 위험한 일이라는 사실이 객관적으로 밝혀졌다.

대한민국의 배달 관리 시스템은 엉망이다. 우리나라는 1종 보통 자동차 면허만 따면 125cc 이하 이륜차를 운전할 수 있다. 자동차와 오토바이 운전은 엄연히 다른 기술인데도 누구나 운행할 수 있도록 방치했다. 현장에서 이뤄지는 안전 교육은 시동 걸기와 브레이크 잡기가 전부다. 오토바이 주유구가 어디 있는지, 주유구를 어떻게 여는지 몰라 주유소에서 헤매는 초보 라이더가 있는가 하면, 메인스탠드 주차를 하지 못해 사이드로만 주차하다 강한 바람에 쓰러뜨리는 라이더도 있다. 엔진오일은 언제 갈아야 하는지, 주행 거리에 따른 정비를 어떻게 해야 하는지를 회사로부터 교육받은 적도 없다. 회피정지와 같은 기본적인 이륜차 안전 주행 기법도 교육받지 못하고, 70~80킬로미터 속도로 도로를 질주한다.[9]

　믿기 어렵겠지만, 우리나라에는 오토바이 정비 자격증이 없다. 먹고살기 위해 아슬아슬한 두 바퀴에 올랐는데 그 두 바퀴마저 안전한지 확신할 수 없다. 오토바이 정비를 배우려면 자동차 정비 자격증을 취득한 뒤 어깨너머로 배우거나 해외 유학을 떠나야 한다. 이러다 보니 표준공임단가도 존재하지 않는다. 오토바이를 수리하는 데 들어가는 시간과 노력에 대한 가격이 표준화되어 있지 않아서 부르는 게 값이다. 오토바이 부품 가격 역시 투명하게 공개되지 않아 해외 직구를 하는 예가 많다. 고객이 잘 모르는 것 같으면 바가지를 씌우고, 고객이 어느 정도 지식이 있으면 적당한 가격을 부른다. 이 과정에서 발생하는 가장 심각한 문제는 10~20만 원의 바가지보다 '불신'이다. 정비업체에서는 고객에게 꼭 필요한 수리인데도 바가지 씌웠다는 소문이 날까 두려워 수리하지 않는가 하면, 고객은 오토바이 정비업체를 믿지 못해 정확하지 않은 정보를 바탕으로 임의로 수리한다. 정비 시스템이 제대로 정착되어 있지 않으면 오토바이 고속도로 진입 금지와 같은 이해하기 힘든 정책을 바꾸기도 힘들다. 고속도로에 들어섰다가 멈춰버리면 대형 사고다. 오토바이 정비에 대한 보증이 선행되어야 하는 이유다. 물론 배달 산업은 이 문제를 해결하지 않은 채 산업을 돌리고 있다.

배달 대행업은 자유업이다. 누구나 창업이 가능해 계약서는커녕 운전면허 확인도 제대로 하지 않는 업체가 우후죽순처럼 늘어나고 있다. 사장이 될 준비가 안 된 사람들이 사장이 되는 문제가 계속되고 있다. 상황이 이렇다 보니 고용노동부가 배달 대행 실태를 제대로 파악하기란 거의 불가능하다. 최근 플랫폼 노동이 화제로 떠오르면서 고용노동부가 국정감사에서 자주 지적을 받고 있지만, 산업에 대한 규제가 없는 상황에서 실태 파악은 어렵다.

이륜차 정비 시스템 마련과 산업 규제는 일하는 라이더들의 목숨이 달린 산업 안전 보건의 문제이자 산업의 안정화를 위한 필수 요소다. 하지만 고용노동부와 국토교통부 등 관련 부처는 적극적으로 나서지 않고 있다. 혁신을 방해하는 '규제'로 낙인찍히기 쉽기 때문이다. 이명박 정부 때 운전면허 시험을 쉽게 만든 논리가 바로 젊은이들이 자동차를 안 사니 운전면허 규제를 완화하자는 것이었다. 배달업에 등록제를 도입해 산재 가입 운전면허 확인, 보호 장구 지급, 유급 안전 교육 등을 할 수 있는 사람들만이 창업하게 해야 한다. 배달 대행 사장도 기본적으로 지켜야 할 산업 안전에 관한 교육을 이수해야만 창업할 수 있도록 관리해야 한다.

무법 지대인 배달업은 보험업계가 보험료를 높게 유지하는 명분이 되기도 한다. 표준단가도 정비 자격증도 없어서 오토바이 자차 보험은 꿈도 못 꾼다. 현재 오토바이 보험의 종류는 3가지다. 출퇴근용, 무상운송보험, 유상운송보험이다. 출퇴근용은 개인이 출퇴근이나 이동 수단으로만 사용할 때 들어야 하는 보험이다. 나이와 오토바이 종류에 따라 차이가 나지만, 36살 무사고인 나의 1년 보험료는 20만 원 정도다. 무상운송보험이란 배달하는 음식점에서 사장이 오토바이를 샀을 때 들어야 하는 보험이다. 오토바이값은 물론이고 보험료도 회사가 낸다. 동네 치킨집에서 중국집, 맥도날드까지 모두 무상운송보험으로 가입한다. 1년에 100만~150만 원 정도다. 마지막으로 유상운송보험이 있다. 이름에서도 알 수 있듯이 오토바이로 개인이 영리 활동을 할 때 가입해야 하는 보험이다. 퀵서비스나 배달 대행을 하는 라이더가 대상이다.

유상운송보험을 포함한 오토바이 보험은 대인과 대물만 보장한다. 대인은 오토바이를 타다가 다른 사람을 다치게 했을 때 운전자가 돈이 없어 보상을 못 하는 경우를 막기 위해서 의무적으로 가입해야 한다. 대물도 마찬가지로 오토바이를 타다가 다른 사람의 자산과 물건에 손해를 끼쳤을 때 돈이 없어 보상을 못 하는 경우를 막기 위해서 의무적으로 가입하게 했다. 즉, 오토바이 운전자를 위해서가 아니라 타인을 보호하기 위한 보험이 이륜차 보험이다. 그런데 오토바이 산업을 만들고 굴리는 것은 기업이다. 오토바이 산업을 통해서 발생하는 사회적 피해의 책임을 산업의 책임자가 아니라 산업의 종사자에게 전가하는 게 과연 정당할까?

가격은 더 심각한 문제다. 대인1(보상에 한도가 있는 보험)과 대물 3천만 원 수준의 유상운송보험료는 연간 400만 원이다. 이것만 가입하고 일하다가는 큰일 난다. 대인보상한도를 넘는 사고가 나면 라이더는 무보험으로 벌금을 부과받고 한도 초과한 부분에 대해서 손해를 배상해야 한다. 따라서 대인2를 가입해야 하는데, 대인2를 가입하려면 연간 보험료가 800만 원에 육박한다. 보험료가 높기 때문에 가입하지 않는 악순환이 반복된다. 현재 무상운송보험 가입 대수는 13만 대, 유상운송보험 가입 대수는 2만 대에 불과하다. 보험은 대수의 법칙에 따라 움직이므로 가입 대수가 많은 무상운송보험의 손해율이 가입 대수가 적은 유상운송보험보다 높다. 보험회사는 이를 이유로 유상운송보험 문제에 손을 놓고 있다.

운전면허 강화, 이륜차 정비 자격증 도입, 이륜차 관리 시스템 강화, 블랙박스와 운행 기록 장치를 통한 사고 패턴 조사 및 연구 등 적극적인 사고 예방과 관리 시스템을 마련해 사고율 자체를 낮추는 시도가 필요하다. 하지만 여기에는 장기적인 시간과 노력이 든다. 보험

회사는 틀림없이 통계를 갖고 보험료를 낮추고 올리기를 반복할 것이다. 또 현재 보험사가 임의로 만든 유상운송보험에 대한 국가 개입도 필요하다. 지금은 대인1까지가 의무인데 대인2까지 의무로 만들어 마음대로 보험료를 올리지 못 하도록 해야 한다.

여기서 주목해야 할 게 있다. 무상운송보험은 연간 100만~150만 원인데, 유상운송보험은 연간 800만~1,000만 원에 육박한다. 위험과 확률에 가격을 매기는 보험 회사가 보기에 배달 대행 라이더는 근로자 신분의 전통적 배달 라이더보다 8~10배 정도 위험한 일을 하는 것이다. 배달 대행 라이더는 전통적 배달원보다 2~3배 정도 많이 버는데, 감수해야 할 위험은 수익과 비교해 훨씬 높다. 위험을 만들어내는 배달 사업자가 위험에 대한 비용을 분담해야 하는 이유가 여기에 있다. 제대로 된 이륜차 시스템이 정착될 때까지 배달업계가 오토바이 보험료를 분담해야 하고, 이를 감당하기 힘든 사업자는 산업에서 퇴장하거나 라이더를 근로자로 고용하는 것을 모색해야 한다. 지금의 위험한 배달 산업이 가능했던 이유는 이 위험 비용을 라이더에게 전가했기 때문이다.

# 라이더들의 이익은 많은가

2020년 근로자 신분의 라이더는 시간당 8,590원을 번다. 주 5일, 8시간 일하면 월급은 약 180만 원이다. 여기에 배달 한 건당 400원의 추가 수당을 받는다. 시간당 평균 3건, 약 25개를 한다고 치면 하루에 1만 원씩을 더 버니 20일이면 20만 원의 인센티브를 받는다. 월급과 합쳐 약 200만 원을 벌 수 있다. 한 달 일하면 1개의 연차, 1년 일하면 15개의 연차가 생기므로 계산하기 좋게 월 7만 원의 추가 이익을 얻는다고 가정하자. 1년을 일하면 퇴직금이 발생한다. 한 달 월급이 약 200만 원 정도이므로 이를 12개월로 나눈 월 16만 원의 수익을 추가해야 한다. 많은 사람이 여기에서 4대 보험을 빼야 한다고 생각하는데, 실제로는 보험료의 절반을 기업이 내주는 것이므로 혜택으로 봐야 한다. 노동자 월급이 200만 원 정도면 사업주는 산재보험료를 제외하고도 약 18만 원 정도를 부담한다. 산재보험료는 업주가 전액 부담한다. 각종 대출과 복지 혜택에서 4대 보험은 중요한 근거가 된다. 이익이지만 노동자 부담분도 있으므로 한발 양보해서 플러스마이너스 0원으로 계산한다. 종합해서 근로자 신분으로 주 5일, 8시간 배달일을 하면 월 223만 원 정도 번다. 물론 현실에서는 고무줄 스케줄 때문에 이렇게 일하기 어렵다. 노동력의 가치를 비교하기 위한 가상이다.

이번에는 배달 대행 라이더의 수익을 따져보자. 하루 12시간, 주 6일이 기준이므로 일단 시간에서 큰 차이가 난다. 만약 근로자가 이렇게 일했다면 일단 노동법 위반이며, 야간근로수당, 연장근로수당, 휴일근로수당으로 엄청난 가산 수당을 받아야 한다. 하지만 여기서는 계산의 편의를 위해 시간은 제외하고 배달 대행 일을 하면 월 300을 번다고 가정하자. 3,000원짜리 배달 월 1,000건, 하루 약 40건이다. 300만 원에서 기름값을 빼야 한다. 배달 대행은 하루 평균 100킬로미터를 달리는데, 연비가 좋은 오토바이는 리터당 30~40킬로미터 달리므로 하루 3~4리터 정도 필요하다. 보수적으로 하루 5,000원의 기름값이 든다고 가정하면, 월 12만 원 정도가 기름값으로 나간다. 배달 대행의 꽃 핸드폰 구매비도 있다. 보통 콜을 빨리 받기 위해서 최신 핸드폰으로 따로 사지만, 역시 보수적으로 중고 알뜰폰으로 샀다고 가정하자. 월 4만 원 정도 나간다. 다음으로 엔진오일이다. 급발진 급정거 시동을 껐다 켜기를 반복하는 가혹한 조건이므로 1,000킬로미터마다 바꾸는 게 정설이다. 엔진오일 한 번 바꾸는 데 15,000원이므로 월 45,000원 정도다. 다른 관리비는 뺐다. 여기에 오토바이 구매비와 보험료가 들어간다. 개인이 보험을 들었다고 가정하면 상식 밖의 금액이 나오므로, 법인의 리스비를 참고하자. 배민라이더스의 혼다벤리 리스비는 주 13만 원, 월 52만 원 정도다. 역시 한발 양보해서 이것을 보험료와 구매비라고 가정한다. 혼다벤리는 약 250만 원이므로 12개월로 나누면 한 달 약 20만 원, 보험료는 32만 원 정도를 내니 1년 360만 원 정도다.

그런데 여기서 간과한 게 있다. 바로 감가상각비다. 감가상각비란 오토바이가 낡아서 교체하는 비용을 말한다. 하루 100킬로미터 정도를 타니, 한 달 25일 정도를 일한다고 보면 월 2,500킬로미터, 1년이면 3만 킬로미터다. 이 정도 타면 중고 시장에서 안 팔린다고 보면 된다. 고장이 안 난다고 역시 보수적으로 해석해서 2년 6만 킬로미터를 타고 교체한다고 가정해보자. 혼다벤리는 250만 원 정도이므로 월 10만 원 정도를 감가상각비로 계산해야 한다. 이렇게 계산하면 300만 원에서 기름값 12만 원, 통신비 4만 원, 엔진오일 비 45,000원, 보험료와 오토바이 구매비, 감가상각비로 62만 원이 든다. 그러면 217만 5천 원이 남는다. 보험료를 안 내는 경우가 많다고 항변할 수 있으니, 월 32만 원을 더하면 249만 5천 원을 번다. 이렇게 되면 수익은 늘어나지만, 단 한 번의 사고로 이 수익을 상쇄할 수 있는 손해를 입을 수도 있다.

월 300만 원은 초보이고 보통 월 400만 원은 번다고 가정해보자. 위와 똑같이 비용을 제하면 317만 5천 원을 번다. 그러나 근로자 신분의 라이더보다 주 22시간을 더 일한다. 만약 근로자 신분으로 매주 22시간을 연장노동했다고 계산하면 1.5배의 할증이 붙어 최저임금 노동자들에게도 월 113만 원을 더 지급해야 한다. 노동시간을 고려하면 월 400만 원도 최저임금 배달 노동자보다 적다고 볼 수 있다. 따라서 월 500만 원은 벌어야 최저임금 노동자보다 조금 더 많이 버는 셈이다. 이 경우에도 4대 보험이 안 되므로 연금과 실업 상태에 빠졌을 때 들어가는 비용을 별도로 준비해야 한다. 그런데 월 500만 원 이상 버는 라이더들은 소수다. 3,000원짜리 배달을 하루 70건, 주 6일 정도 해야 가능하다. 시간당 5~6개는 해야 하는데, 어떤 속도로 움직일지 가늠하기 힘들다.

이처럼 라이더들의 수익은 결코 많은 것이라고 보기 힘들다. 우리가 안전배달료라는 최소한의 수익 보장 제도를 도입하고, 노동시간이나 안전에 대한 규제를 위한 사회적 타협을 모색해야 하는 이유다.


## 플랫폼 노동 문제는 전통적 노동 문제의 연장

마지막으로 우리가 놓치지 말아야 할 뼈아픈 사실이 있다. 앞에서 살펴본 청년 산재 사망 사고자 대부분은 근로자 신분인 치킨집 소속 라이더였다. 정부와 학계에서 플랫폼 노동은 새로운 노동이라는 핑계를 대면서 '새로운 제도와 규칙'을 이야기하지만, 기존의 법과 제도로 보호할 수 있는 근로자 신분의 노동자 문제도 제대로 해결하지 못하고 있다. 물론 특수형태근로종사자인 배달 대행 라이더는 산재가 불가능하다는 생각에 산재 처리를 못 하고 있지는 않은지 살펴야 한다. 하지만 배달 대행 라이더가 겪는 문제들은 신분에 상관없이 기존 배달업에 종사하는 라이더가 겪었던 문제의 연장이다.

20조 원 규모의 배달 산업은 숱한 사고와 함께 성장했다. 고용노동부 자료에 따르면, 배달 산재는 2016년 277건에서 2018년 618건으로 2배 이상 증가했다. 그중에 바로고, 배민라이더스, 요기요플러스, 생각대로 등 유명 플랫폼업체가 산재 발생 상위권을 차지하고 있다. 이 숫자에도 문제가 있다. 고용노동부 통계에 따르면, 바로고 관할 사업장 수는 62곳, 생각대로 39곳, 부릉 17곳이다. 배달 대행업계의 빅3이자 각각 2만 명의 등록 기사를 보유한 업체의 관할 사업장치고는 너무 적다. 실제로는 바로고가 430곳의 허브, 생각대로는 640곳의 지점, 부릉은 100곳의 스테이션이 있다(2019년 기준).

허브, 지점, 지사라 불리는 위탁 계약 사업장의 산재는 플랫폼의 사고로 잡히지 않는다. 위탁 계약 사업장의 산재가 바로 동네 배달 대행업체의 사고다. 소비자들은 듣도 보도 못한 법인 이름이다. 플랫폼 회사는 배달 건당 수수료로 이윤을 취하면서, 위탁 계약이라는 이유로 사고 책임은 지지 않는다. 보험사는 이 위험을 수천만 원의 보험료로 라이더에게 부과하고, 사정을 모르는 시민들은 욕설을 담은 악플을 라이더에게 던진다. 물리적 위험뿐만 아니라 배달업에 대한 정서적 비난도 라이더 홀로 감당한다.[10]

이 문제 역시 기존 산업의 간접고용, 비정규직, 특수형태근로종사자, 위험의 외주화와 노동시장에서의 신분에 따른 사회적 차별 문제와 연결되어 있다. 플랫폼 노동에 대한 새로운 대안 모색은 중요하다. 하지만 전통적인 노동 문제의 해결 없이는 앞으로 나가기 힘들다. 우리는 2000년대에 비정규직과 특수고용노동 문제가 새로운 문제라고 이야기한 것을 기억해야 한다. 2020년 비정규직은 전통적인 노동의 문제, 일상의 문제가 됐다. 따라서 플랫폼 노동을 새로운 문제라고 부르기 두렵다. 20년간 해결되지 않은 비정규직 문제 위에 플랫폼이 세워졌다. 이 플랫폼을 타고 다른 미래로 갈 수 있기를 바란다.

# 문중원 기수의 '마지막 주문'[11]

문중원 씨는 경마장에서 말을 타는 기수였다. 2019년 11월 29일 마사회의 비리를 폭로하고 세상을 떠났다. 아이들은 크리스마스이브에 산타의 선물을 받았다. 문중원 씨는 세상을 떠나기 하루 전, 택배로 장난감 화장대 세트와 레고를 주문했고 아내에게 크리스마스 선물을 전달해달라고 부탁했다. 그는 하늘에서도 가족을 위해 달렸다.

사랑하는 딸과 아들을 위해 크리스마스 선물을 주문했던 손과 세상에 대한 마지막 주문을 글로 남겼던 손. 행복과 절망의 양손 사이 어딘가 그가 살고 싶었던 삶이 있었을 것이다. 그 손을 잡지 못해 미안하고 미안하다.

유서에는 마사회 놈들을 믿을 수가 없어 복사본을 남긴다고 적혀 있었다. 마사회는 경마라는 합법적인 도박을 설계하는 일을 한다. 우선 판 위에 말을 깐다. 마리당 수억 원 하는 말을 소유한 마주가 마사회에 등록하고 말이 우승하면 상금을 갖는다. 마주는 말의 주인일 뿐 경마 전문가는 아니다. 감독 격인 조교사에게 말을 맡기고 상금을 나눠 갖는 위탁 계약을 맺는다. 마사회는 개인사업자인 조교사에게 면허를 교부하고, 말을 키우고 관리할 수 있는 마방을 임대한다. 조교사는 말이 최상의 컨디션으로 달릴 수 있도록 말 관리사를 고용하고, 말을 타고 달리는 기수와 계약을 맺는다. 마필관리사는 최저임금 노동자, 말을 타는 기수는 근로자가 아닌 특수형태근로종사자다. 마사회는 조교사 선정, 마방 임대, 기수 면허 갱신의 권한을 가진다. 간단히 말하면 마사회는 마주의 말을 빌려서 조교사와 기수, 마필관리사에게 맡기고 알아서 도박판을 돌리라고 한다. 중개만 하고 책임을 떠넘기는 이 복잡한 구조는 배달 대행 플랫폼과 닮았다.

배달 대행 플랫폼이 음성적 배달 시장을 혁신하겠다는 명분으로 탄생한 것처럼, 마사회도 1992년 터진 경마 승부 조작 사건을 해결한다는 취지로 위와 같은 '개인 마주제'를 만들어냈다. 마사회로 내려온 낙하산의 전횡 때문에 생긴 문제를 땅 위에서 일하는 사람들에게 떠넘긴 것이다.

아이러니하게도 개인 마주제는 마사회를 더 불투명하게 만들었다. 기수는 승부 조작을 지시하는 조교사의 말을 따르지 않으면 출전하지 못하고, 상금을 타지 못하면 생계를 이어갈 수 없었다. 아픈 말을 타라고 하거나, 다루기 힘들어 낙마할 가능성이 큰 말에 태우기도 했다. 실제로 낙마 사고로 사망한 기수들도 있다. 마필관리사들은 말에게 차여 무릎에 철심을 박거나 뇌진탕, 골절 등의 부상에 시달렸다. 2019년에만 60건의 산재 사고가 발생했다. 마사회의 비리를 폭로하고 세상을 등진 7명이 이들 기수와 마필관리사다. 사장에게 밉보인 배달 대행 라이더들이 한 번에 묶어 갈 수 있는 배달 건수를 제한받거나, 고장 나기 직전의 오토바이를 배정받고 오로지 건당 성과에 따라 돈을 받는 배달 산업과 닮았다. 배달하다 다치거나 죽었다는 소식들이 매일같이 들려온다.

마사회의 연 매출은 8조 원, 배달 산업은 20조 원이다. 우리는 죽음의 판에 돈을 걸고 있다. 문중원 씨는 이 죽음의 질주를 멈추고 싶어 노조에 가입하고 2015년 조교사가 됐지만, 마사회는 마방을 임대하지 않았다. 마사회 직원들은 높으신 양반들과 밥도 좀 먹어야 마방이 빨리 배정된다고 조언했다. 그는 유서에 이렇게 적었다.

"더럽고 치사해서 정말 더는 못하겠다."

정직한 그에게 허락된 삶의 공간은 없었다.

우리가 문중원 씨에게 마방을 임대할 수는 없지만, 또 다른 문중원 씨가 살아갈 방을 만들 수는 있으리라 믿는다. 최근 라이더유니온은 따뜻한 음식을 배달하는 라이더들을 위해 '라이더유니온 캠페인. 늦어도 괜찮아요. 안전하게 와주세요.'라는 메모를 남겨달라는 캠페인을 하고 있다. 문중원 씨가 세상에 보낸 마지막 주문을 배달하기 위해 거리에 선 사람들도 있다. 그의 가족과 민주노총 공공운수노조다. 문중원 씨의 부인 오은주 씨가 우리에게 부탁하는 메모는 다음과 같다.

"하늘에서 제일 반짝이는 별이 될 사랑하는 제 남편 문중원 기수를 영원히 기억해주세요."

# 알고리즘이라는 신

2018년 7월 '폭염수당 100원' 1인 시위를 할 때만 해도 수많은 응원을 받았다. 기사 댓글 중에는 악플보다 선플이 많았다. 그런데 노동조합을 만들겠다고 나서자 여론이 바뀌기 시작했다. 평생 살면서 먹을 욕을 라이더유니온 만드는 동안 다 먹은 것 같아 배부른 느낌마저 들었다. 이 차이는 어디서 발생했을까? 폭염에 야외에서 일하는 노동자의 존재는 안타까움의 대상이다. 동정 여론이 만들어지기 쉬웠다. 게다가 바라는 게 적다. 100원. 반면 노동조합 설립은 전혀 다른 행위다. 사람들에게 도와달라가 아니라 내 권리를 자신의 힘으로 찾아야겠다는 선언이다.

사람들은 그런 권리가 "배달하는 사람에게도 있느냐?"라고 되물었다. 이 자격에 대한 질문은 과거의 노력에 대한 심판이었다. 공부를 열심히 안 한 사람, 노력하지 않은 사람. 게다가 현재 시민들이 마주하는 배달원이란 신호를 위반하는 도로 위의 무법자다. 감자튀김과 치킨까지 빼먹는다는 소문도 있다. 이런 사람들에게 돌아가야 할 몫이라는 게 있는가? 이 같은 상황에서 직업에 귀천이 없다거나, 차별하지 말자거나, 편견을 거두자는 주장은 소용없다.

　나는 오히려 '효용'과 '비용'의 측면에서 배달 산업의 문제를 바라보자고 제안한다. 욕하는 것도 좋다. 난폭 운전은 사실이고, 소수이지만 손님과 문제를 일으키는 라이더도 있다. 욕이라도 해서 속이 풀린다면 오히려 다행이다. 할 수만 있다면 내가 대신해서 사과하고 싶다. 하지만 문제는 여전히 남는다. 욕한다고 달라지나? 온라인상에 아무리 욕해도 악플을 보고 자신의 운전 습관을 바꿀 라이더는 없다. 생존에 대한 욕구와 바닥에 뿌려진 돈을 줍고자 하는 욕망은 악플보다 강하다. 욕은 가성비가 나오지 않는 행위다.

　라이더 중에는 신호를 준수하면서 다니는 사람이 있고, 고객의 음식이 식을까 봐 2~3개 정도만 픽업해서 배달하는 라이더도 있다. 자체적으로 보온 가방을 준비하는가 하면 항상 밝은 미소를 잃지 않는 라이더도 있다. 물론 훌륭한 라이더들이 있다고 해서 배달 라이더 전체의 문제가 해결되지는 않는다. 시민들의 욕도, 소수의 모범적인 라이더들의 존재도 지금의 배달 산업을 바꿀 수 없다.

식상하지만 똑같은 결론을 내릴 수밖에 없다. 거리에 돈을 뿌리고 먼저 가져가는 사람이 임자라는 구조를 바꾸지 않으면 배달 산업 문제를 해결하기 힘들다. 그렇다면 길거리가 아니라 사람과 안전, 시스템에 돈을 뿌려야 한다. 이 돈을 함께 지급하는 것이야말로 플랫폼 기업이 만들어 낸 난폭 운전과 수많은 사고에 대한 해결책이다.

사실은 이 돈을 지급하지 않기 위해 탄생한 것이 플랫폼 산업이다. 플랫폼 산업은 고정급을 지급할 필요가 없다. 또한 소비자의 수요와 라이더의 공급, 계절적·문화적 요인에 따라 배달료는 물론이거니와 근무 방법과 시간 등을 자유롭게 바꿀 수 있는 노동력 데이터를 갖고 있다. 이것들이 플랫폼의 존재 이유다.

문제는 이러한 데이터에 기반을 둔 명령이 듣고 잊어버릴 수 있는 욕설이 아니라는 점이다. 빅데이터를 통해 모든 것을 알고 있는 AI의

명령은 욕설과 달리 무시할 수 없다. AI가 정한 근무 조건은 신의 심판과 같다. 이에 대해 불평하는 것은 무오류의 신 앞에서 불완전한 인간이 내뱉는 비합리적이고 우매한 행위일 뿐이다. 또한 알고리즘을 공개하고 이것을 노동자가 본다고 해서 달라지는 것은 없다. 성경과 불경을 아무리 읽어봐야 하느님과 부처님의 뜻을 이해하기도 거스르기도 힘들다. 우리 앞에는 근대인들이 맞닥뜨렸던 두 가지 선택지가 놓여 있다. 신에 대한 복종과 신으로부터의 독립. 나는 물론 "종교는 인민의 아편"이라는 마르크스의 말을 그대로 받아들이지 않는다. 유한한 존재인 인간에게 종교는 분명 구원이다. 빅데이터와 AI 역시 마찬가지다. 이 새로운 절대자를 어떻게 인간을 위해 사용하는가가 우리에게 놓인 과제이다.

우리가 경계해야 할 것은 신이 아니라, 신의 이름을 빌려 사람을 착취하고 탄압하는 인간이다. 자본주의가 탄생하면서 땅에 묶여 있던 농민을 해방해 도시로 보냈다. 그리고 신의 이름으로 근면 성실하게 일하라고 설교했다. 지금의 플랫폼은 근로기준법에 묶여 있던 노동자들을 해방해 데이터의 세계로 들어오라고 한다. 그리고 '혁신'의 이름으로 자유롭게 일하라고 광고한다. 플랫폼이 해방한 노동법 조항 하나가 만들어지기까지 얼마나 많은 노동자의 목숨이 사라졌을까. 아동 노동이 금지되기까지, 진폐증이 산재법으로 보상이 이루어지는 질병이 되기까지, 김용균법이 통과되기까지 얼마나 많은 생명이 사라졌나. 이 소중한 사회적 합의를 혁신의 이름으로 무분별하게 삭제할 것이 아니라, AI 옆에 붙은 무오류와 혁신이라는 단어를 삭제해야 하지 않을까.

이 책이 신성 모독이 아니라 해방신학으로 읽히기를 바란다.

# 주

1. 박정훈, 〈브레이크 없는 배달 산업 라이더가 위험하다〉, 《문화과학》 98호, 문화과학사, 2019, 119쪽 수정 보완.

2. 박정훈, 〈브레이크 없는 배달 산업 라이더가 위험하다〉, 《문화과학》 98호, 문화과학사, 2019, 119쪽. 수정 보완.

3. 새라 캐슬러, 김고명 옮김, 《직장이 없는 시대가 온다》, 더퀘스트, 2019, 106쪽.

4. 1926년 1월 14일 〈동아일보〉 기사에서는 "면옥 배달 복업(復業, 업무 복귀)"이라는 표제로 1단 단신이 났다. 이에 따르면, 당월 10일에 평양의 냉면 배달부들의 파업이 합의되었다고 한다. 신문·우유·우편배달부 파업에 관한 기사는 찾지 못했으나, 자전거로 배달하던 그들이 전차나 자동차에 부딪혀 사망 사고가 일어났다는 기사는 왕왕 보인다. "'배달부조합 부산에서 창립' 부산에 있는 각 신문배달부조합 최초위원들은 제반 준비를 다 마치고 지난 13일 오후 3시부터 부산부영정(府榮町) 4정목 2번지에 있는 동아일보 부산지국 내에서 창립총회를 개최하고 좌기 사항(아래 사항)을 결의하였다고 한다. 하나, 일치단결할 것. 하나, 동지 단체와 연결할 것. 하나, 창립 기념사업을 계획할 것. 하나, 위원은 서장호, 오두석, 염규상, ㅇ영수, 김ㅇ용 군으로 할 것. 하나, 사무소는 동아일보 지국으로 정할 것"(〈동아일보〉 1925년 9월 17일). "'면옥 배달 복업' 평양부내 여러 냉면집에 있는 자전거 배달부 십ㅇ 명이 임금을 올려달라고 동맹파업을 하였던 것은 지난 10일에 양편 양보로 무사히 해결되어 모두 복업하였다(평양)"(〈동아일보〉 1926년 1월 14일).

5. 박정훈, '임금 아닌 용돈 준 사장님… 배달 노동자 ㅇㅇㅇ 씨의 반격', 〈오마이뉴스〉, 2019. 9. 1. 수정 보완.

6. 이 자료는 〈뉴스톱〉 이승우 기자의 도움을 받았다.

7. 박정훈, "'배달 라이더'도 소중한 직업입니다', 〈오마이뉴스〉, 2018. 11. 11. 수정 보완.

8. 전혜원, 〈특수고용직 산재보험료 헌법소원 제기됐다〉, 《시사인》, 2020. 1. 17.

9. 박정훈, '4차 산업혁명과 노동 존중에 관하여', 〈한겨레〉, 2019. 10. 14. 수정 보완.

10. 박정훈, '4차 산업혁명과 노동 존중에 관하여', 〈한겨레〉, 2019. 10. 14. 수정 보완.

11. 박정훈, '문중원 씨의 '마지막 주문'을 배달하기 위해 거리에 선 사람들', 〈경향신문〉, 2020. 1. 9.